AF235413

Ich bin Single! Und du? – Für Vergebene verboten.

Jennifer Petsch

Ich bin Single! Und du? – Für Vergebene verboten.

Aus dem Leben eines unfreiwilligen Dauersingles

Bibliografische Information der Deutschen Nationalbibliothek:
Die Deutsche Nationalbibliothek verzeichnet diese Publikation in der
Deutschen Nationalbibliografie; detaillierte bibliografische Daten sind im
Internet über dnb.dnb.de abrufbar.

© 2022 Jennifer Petsch
Satz, Herstellung und Verlag: BoD – Books on Demand,
Norderstedt
ISBN 9783754379714

Jennifer Petsch, geboren 1980, ist gebürtige Niedersächsin und lebt seit 2013 in Hessen bei Frankfurt am Main. Beruflich in der Pharmaindustrie zu Hause, beschreitet sie neue Wege in der Schriftstellerei.

Sie ist ein aktiver Mensch und gerne in Gesellschaft. Sie treibt seit Jahren regelmäßig Sport, verreist gerne, und das auch allein. Allerdings würde es ihr besser gefallen, zu zweit zu verreisen und des Öfteren mit Freunden und Bekannten gemeinsam Zeit zu verbringen. Ihre Erfahrungen und Erlebnisse mit den Männern und ihrem Umfeld während ihres Singledaseins haben sie auf die Idee gebracht, dieses Buch zu schreiben.

Ihr Anliegen: Zum einen aufzuzeigen, dass man als Dauersingle mit seinen Problemen nicht allein dasteht, und zum anderen zu sensibilisieren. Den Blick darauf zu lenken, dass die Anzahl der Singles in Deutschland stetig steigt. Einsamkeit ist keine Seltenheit mehr und sollte nicht unterschätzt werden. Auch Frauen, welche bodenständig sind und fest im Leben stehen, sind häufig alleinstehend. Daher appelliert sie an alle, offener durch die Welt zu gehen und Empathie an den Tag zu legen. Eigenschaften, die durch unseren stressigen Alltag leider rar geworden sind.

$$1 + 0 = 1$$

»Dass uns eine Sache fehlt, sollte uns nicht davon abhalten, alles andere zu genießen.«

Jane Austen

Inhalt

Vorwort

Worüber schreiben Autoren? Über Themen, die sie interessieren, die sie beschäftigen, mit denen sie sich gut auskennen. Viele Bücher beschäftigen sich mit der Beziehung zwischen Mann und Frau oder auch mit den Unterschieden zwischen den beiden Geschlechtern. Wenn beide zum gemeinsamen Entschluss kommen, dass sie gerne zusammenbleiben möchten und noch viel Zeit miteinander verbringen wollen, kommt es vor, dass aus dieser Beziehung ein Kind entsteht. Auch über dieses Thema gibt es einiges zu erzählen und viele haben sich schon daran versucht.

Worüber ich erzählen oder schreiben möchte, womit ich mich besonders gut auskenne, ist das Singledasein.
Ich bin Dauersingle. Und als Dauersingle habe ich so einiges in den vielen Jahren des Alleinseins erlebt. Nicht, dass es ungewöhnlich Neues darüber zu berichten gäbe. Aber ich möchte gerne meine Erfahrungen teilen. Der große Aha-Effekt mag bei manchem ausbleiben. Aber ich denke, dass es jedem, der sich in einer ähnlichen Situation wie ich befindet, in einer gewissen Weise guttut, zu wissen, dass es dort draußen noch jemanden gibt, dem es genauso ergeht. Nach der Devise: »Geteiltes Leid ist halbes Leid.«

Aber ab wann ist man eigentlich ein Dauersingle? Nach drei Jahren des Alleinseins? Nach fünf Jahren, nach zehn Jahren? Ich habe es tatsächlich, bis jetzt, 16 Jahre geschafft, allein zu bleiben. Wie ich das hinbekommen habe? Ich habe keine Ahnung. Vor allem ist es erschreckend, wie schnell die Zeit verflogen ist, in der nichts passiert ist. Na ja, ganz nichts ist ja nicht passiert. Was mir aber Sorgen bereitet, ist, dass man als

Frau im Alter ja nicht attraktiver und interessanter wird. Das werden ja nur die Männer. Von daher ist es jetzt höchste Zeit, etwas zu verändern und mir einen Mann zu »angeln«. Nur wie und wo? Das gilt es herauszufinden.

1 Nett gemeinte Ratschläge und Äußerungen

Wenn ich mich mit Freundinnen, Bekannten oder Kollegen*innen über mein Singledasein unterhalten habe, bekam ich oft von ihnen Ratschläge zu hören oder Äußerungen, die bestimmt aufmunternd gemeint waren. Sie sollten mich vielleicht trösten, weil ich mal wieder über mein Singledasein gejammert habe. Wahrscheinlich wollten sie mir damit Hoffnung geben. Dass auch ich irgendwann einen Mann kennenlernen werde, der zu mir passt. Allerdings bin ich, was ungebetene Ratschläge angeht, etwas speziell. Ich mag es nicht besonders gerne, wenn man mir ungefragte Ratschläge geben möchte. Ungebetene Ratschläge versetzen mich eher in eine Art Trotzreaktion. Kommt aber natürlich auch darauf an, von wem sie kommen. Da die meisten in meinem Umfeld schon seit vielen Jahren vergeben sind, empfinde ich diese Äußerungen für mich als Single meist nicht als besonders brauchbar. Ich denke, dass es daran liegt, dass sie nicht unbedingt nachvollziehen können, wie es mir als Single geht. Das kann ich ihnen aber auch nicht zum Vorwurf machen.

Trotzdem habe ich für mich entschlossen, dass es besser ist, wenn ich nicht mit Menschen über mein Singledasein rede, welche in einer Beziehung sind, seitdem sie denken können, oder nie wirklich lange Beziehungspausen hatten. Warum? Wer nie lange alleine war, alleine leben musste, alleine in den Urlaub gefahren ist, alleine zu Hochzeiten gehen musste, bei denen man sonst niemanden kannte als das Brautpaar, immer wieder alleine auf Geburtstage eingeladen wird, da kein Partner vorhanden und es schon ganz selbstverständlich ist, dass man alleine erscheint, jeden Abend alleine ins Bett geht, der kann das nicht nachempfinden. Obwohl es glücklicherweise immer wieder Ausnahmen gibt. Um mich herum sind auch empathische Menschen zu finden, die sich in die Situation eines Dauersingles hineinversetzen können.

Mittlerweile versuche ich, mir solche Kommentare nicht zu sehr zu Herzen zu nehmen. Früher habe ich unheimlich sensibel auf solche Äußerungen reagiert. Habe alles auf die Goldwaage gelegt. Aber ehrlich gesagt, bin ich damit nicht weitergekommen. Außer, dass es mich traurig gestimmt hat und ich mir viel zu viele Gedanken darüber gemacht habe. Deswegen bemühe ich mich jetzt, gedankenlosen Äußerungen genauso gedankenlos zu begegnen. Ich versuche sie zu ignorieren oder kontere mit Äußerungen, die zum Nachdenken anregen sollen. Ob Letzteres wirklich hilft? Ich finde, dass es der bessere Weg ist, darauf aufmerksam zu machen, wenn einem etwas nicht passt, als es still über sich ergehen zu lassen.

Als kleine Einführung in mein reales Leben möchte ich von einer Begebenheit aus meinem aktuellen Leben erzählen: Seit einiger Zeit treffe ich mich regelmäßig mit ein paar Mädels. Der Sport im Fitnessstudio hat diese Verbindungen zustande gebracht. Alle davon sind in festen Händen, außer meiner Wenigkeit. Natürlich kommen sie immer mal wieder auf das Thema Männer zu sprechen und dass mit den Männern auch nicht alles rosig ist. Und ihnen die Männer das eine oder andere Mal ziemlich auf die Nerven gehen. Ja, das stimmt. Mit Männern hast du andere Probleme.

Da hat man andere Ansichten, was die Fortbewegung zu Fuß angeht. Er mag es schnell, sie lieber gemütlich. Und nach 15 Jahren Beziehung ist es immer noch ein Streitthema. Er hat schon frühmorgens ein großes Mitteilungsbedürfnis und redet wie ein Wasserfall. Sie ist noch gar nicht richtig wach und möchte einfach nur ihre Ruhe haben und die Stille genießen.

Der andere ist nicht sensibel genug und kann nicht verstehen, warum es sie so sehr belastet, dass ihre Mama im Alter immer mehr abbaut. Papa ist leider schon verstorben. Ja, so hat jeder sein Päckchen zu tragen. Ich weiß nicht, ob die Mädels das erzählen, weil sie einfach genervt sind oder mir auch zeigen wollen, dass mein Leben als Single gar nicht so schlecht ist. Aber wenn das Leben als Dauersingle nicht so schlecht ist, warum sind sie dann in einer festen Partnerschaft? Weil es mit einem Mann an der Seite doch schöner ist?

Auch wenn es mit Männern nicht immer so »einfach« ist, stellt sich bei mir kein Gefühl der Zufriedenheit bei solchen Erzählungen ein. Mir ist schon klar, dass es zwischen Mann und Frau Reibereien gibt und man als Paar irgendwann nicht mehr auf Wolke sieben schwebt. Beziehungen zwischen Mann und Frau und generell zwischenmenschliche Beziehungen erfordern harte Arbeit von beiden Seiten. Ich kann es verstehen, wenn jeder mal Frust loswerden möchte. Manchmal würde ich ihnen aber zu gerne sagen, wie gut sie es eigentlich mit ihren Männern haben. Habe ich natürlich auch schon angemerkt. Aber ich bin mir nicht sicher, ob es auch registriert wird. Ich werde es aber gerne immer wieder erwähnen. Denn ich finde, dass alle, die in einer funktionierenden Beziehung leben, sich als wahre Glückspilze bezeichnen können und dafür auch dankbar sein sollten. Das ist meine Ansicht als unfreiwilliger Dauersingle.

In meinem Leben musste ich lernen, dass nicht jedermann Empathie besitzt. Besonders schwierig scheint es zu sein, sich in die Situation eines Alleinstehenden hineinzuversetzen. Mir persönlich ist es wichtig, dass ich mich von meinen Freunden und meiner Familie verstanden fühle. Aber wem ist das nicht wichtig? Begriffen habe ich nach langer Zeit, dass ich mir die Personen genau aussuchen sollte, denen ich mich bezüglich meines Singledaseins anvertraue. Weil eben die wenigsten verstehen oder verstehen wollen. Glücklicherweise habe ich Freundinnen, die zwar schon viele Jahre in festen Beziehungen sind, meine Situation aber in gewissem Maße nachvollziehen können. Weil sie selbst schon jahrelang Single waren oder empathisch sind.

Nichtsdestotrotz gab es immer wieder Situationen in meinem Leben, in denen Freundinnen, Kollegen, Mitmenschen, welche durchweg seit langem in festen Händen sind, den ein oder anderen »brauchbaren« Ratschlag für mich parat hatten.

So hatte ich mal ganz nebenbei erwähnt, dass ich ungern einen rothaarigen Partner hätte. Das ist einfach mein persönlicher Geschmack. Ich möchte niemandem Rothaarigen damit zu nahetreten. Geschmäcker sind ja bekannterweise verschieden und das ist auch gut so.

Gleich habe ich schon einen Kommentar an der Backe, und zwar einen der Standardsprüche: »Stecke deine Ansprüche nicht so hoch!« Oder wie viele es noch lieber sagen: »Sei nicht so wählerisch!« Hallo!? Darf ich denn nicht mal mehr eine gewisse Vorstellung von dem Mann an meiner Seite haben? Einen Typ Mann, auf den ich stehe oder halt eben auch, auf den ich nicht stehe. Zurück zum rothaarigen Mann: Es mag enttäuschend klingen, aber die Realität holt mich mal wieder ein. Ich muss sagen, dass in den vielen Lebensjahren, die ich nun auf dieser Erde verweile, mich noch nie, aber wirklich noch nie, ein rothaariger Mann angebaggert hat! Ist das nicht krass!? Selbst wenn ich gewollt hätte, hatte ich noch nicht einmal die Gelegenheit gehabt, ihm eine Abfuhr zu erteilen!

Was ich damit sagen will, ist, dass der schon etwas verletzende Kommentar »Sei nicht so wählerisch!« in diesem Fall total überflüssig war.

Bei einer weiteren Begebenheit hat mir mein Kollege Folgendes an den Kopf geworfen, als wir uns in der Mittagspause über mein Privatleben unterhalten hatten: »Jeder ist seines Glückes Schmied!« Ich muss dazu sagen, dass er ein netter Kollege ist, mit dem ich mich gut verstehe. Ansonsten hätte ich mich nicht mit ihm über meine privaten Angelegenheiten unterhalten. Ich gehe stark davon aus, dass er es nicht so gemeint hat. Aber für mich hat es sich wie ein Stich ins Herz angefühlt. Ich gebe ihm recht, dass man sein Glück in gewisser Hinsicht selbst beeinflussen kann, zum Beispiel, was die berufliche Laufbahn angeht. Obwohl – dazu gehört manchmal auch ein Quäntchen Glück. Man muss an die richtigen Vorgesetzten geraten, die einen fördern und manchmal ist Vitamin B vonnöten. Was die Liebe angeht, bin ich der Meinung, dass man diese auf keinen Fall erzwingen kann. Und schon ist es vorbei mit meinen schmiedeeiserenen Fähigkeiten. Zudem schlecht, wenn man handwerklich nicht so sehr begabt ist. Das ist doch ungerecht! Wie soll ich denn dann mein Glück »schmieden«? Jetzt wundert es mich auch nicht mehr, dass heutzutage so viele Beziehungen zerbrechen. Das Handwerk des Schmiedens ist am Aussterben und somit offensichtlich auch das Glück …

Was ich auch immer wieder sinngemäß gesagt bekommen habe, war das hier: »Du musst mit dir im Reinen sein und dich selbst mögen. Sonst wirst du niemanden kennenlernen.« Wer sagt denn, dass ich mich nicht leiden kann? Ich finde schon, dass ich eine taffe Lady bin, die sich zu benehmen und kleiden weiß. Meiner Meinung nach bin ich eine ganz Nette, zwar mit Fehlern und Macken, aber haben wir die nicht alle? Ich fühle mich in meiner gemütlich eingerichteten Wohnung auf meinem Sofa bei einem Glas Rotwein und Kerzenschein mit mir allein ziemlich wohl. Selbst wenn ich allein verreist bin, habe ich später daran auch viele gute Erinnerungen. Hätte ich das, wenn ich nicht mit mir im Reinen wäre? Vielleicht ist es ja eher so, dass die Männer nicht mit sich im Reinen sind und es deswegen einfach irgendwie nicht funktionieren will? Warum soll ich eigentlich immer die Fehler bei mir suchen? Mein ganzes Singledasein versuche ich herauszufinden, was denn falsch an mir ist oder ich nicht richtig mache. Zu einem Ergebnis bin immer noch nicht gekommen. Denn offensichtlich mag ich mich richtig gut leiden.

Da sollte man doch annehmen, dass ich eine positive Ausstrahlung habe. Trotzdem sollen sich die Männer angeblich nicht trauen, mich anzusprechen. Woran mag das liegen? Ich wirke scheinbar selbstbewusst und stark. Und damit bin ich dann wohl selbst schuld daran, dass die Männer nicht auf mich zukommen. Ich sollte doch bedenken, dass es schließlich auch schüchterne Männer gibt. Okay, das verstehe ich und kann ich nachvollziehen, dass nicht jeder Mann ein Draufgänger ist. Und ob ich schüchtern bin und mich nicht traue, das ist mal wieder Nebensache und spielt überhaupt keine Rolle. Denn ich kann gefälligst meinen inneren Schweinehund überwinden, weil ich das ja sowieso schon unendliche Male in meinem Leben getan habe und dann kommt es darauf auch nicht mehr an. Schließlich habe ich inzwischen ja Übung darin. Und schließlich bin ich ja diejenige, die mit ihrem Selbstbewusstsein die Männer verscheucht. Ist das fair? Ja? Ich bin in der Pflicht, weil ich schließlich meines eigen Glückes Schmied bin.

Es sei noch kurz erwähnt, dass es schon den ein oder anderen Mann gab, der mich angesprochen hat. Diese konnten aber zu meinem Bedauern nicht mein Interesse wecken. Auffällig ist, dass es meist Männer waren, die deutlich älter waren als ich. Diese scheinen sich nicht von meiner Ausstrahlung »abschrecken« zu lassen. Vielleicht liegt es daran, dass es gestandene Männer waren und sich die Mühe gemacht haben, hinter meine Fassade zu schauen?

Da ich nicht auf viel ältere Männer stehe, bin ich nun schon eine halbe Ewigkeit auf dem Markt und wurde immer noch nicht weggefangen. Kann sein, dass ich deswegen immer mal wieder von Vergebenen gesagt bekomme, dass, wenn sie solo wären, sie auch nicht wüssten, wie oder wo sie jemanden kennenlernen sollten. Ich nehme an, dass diese Äußerung ein wenig als »Trost« für mich gedacht ist. Denn es ist auffällig, dass diese Äußerung immer wieder in dem Zusammenhang fällt, wenn ich betrübt erzähle, dass ich mit meinem Latein am Ende bin und nicht mehr weiß, was ich machen soll, um einen Mann kennenzulernen. Obwohl ich mir relativ sicher bin, dass sie alle recht schnell einen neuen Partner kennenlernen würden. Oder etwa doch nicht? Wenn sie sich ein Beispiel an mir nehmen, ist ihre Aussage natürlich berechtigt.

Trost kann ich auch gut gebrauchen, wenn ich einen meiner schlechten Tage habe. Das kommt leider immer mal wieder vor. Aber ich denke, dass das menschlich ist. Und dass jeden, egal ob Single oder vergeben, melancholische Momente ab und an heimsuchen. So führte ich an einem Sonntag ein Telefonat mit einem engen Verwandten. In dem Gespräch wurde ein Bekannter bemitleidet, der nach 50 Jahren glücklicher Beziehung seine Ehepartnerin verloren hatte. Keine Frage, das ist sehr traurig. Das wird mir aber erzählt, obwohl ich zuvor am Telefon geweint habe und meinen Schmerz offen darüber kundtue, dass ich nach wie vor keinen Partner habe. Auf die Erzählung meines Gesprächspartners kann ich nur erwidern, dass Menschen, die eine so lange Zeit mit ihrem Partner eine glückliche Zeit verbracht haben, doch zu beglückwünschen sind. Und ich, die immer allein ist, wird nicht bemitleidet, da es einfach »normal« ist, dass ich niemanden an meiner Seite habe. Ich weinte erneut. Und beendete das Telefonat recht zügig. Und weinte weiter. Verfiel in Selbstmitleid. Aber eigentlich möchte ich doch gar nicht bemitleidet werden und schon gar nicht von mir selbst. Ist das Leben nicht irgendwie schräg?

Und nun komme ich auf Auszüge von Konversationen zu sprechen, die ich während meines Daseins als Dauersingle mit Freundinnen geführt habe. Darin wurden diese interessanten Punkte thematisiert:

Meine Freundin: »Er hat ein Pickelgesicht!«
Ich dachte: »Aber das hab` ich doch auch, leider. Er ist aber trotzdem attraktiv und sehr sympathisch.« – Ich habe ihn leider nie wiedergesehen.

Meine Freundin: »Ich finde, er ist sozial inkompetent.«
Ich dachte: »So richtig hast du dich mit ihm doch noch gar nicht unterhalten. Wie kannst du das dann beurteilen? Das ist doch ein Vorurteil. Und mir gegenüber ist die Äußerung auch nicht fair.« – Ich war wieder verunsichert und negativ befangen. Letztendlich sind wir uns nie nähergekommen, da ER nicht mehr wollte. ... Vielleicht ist er doch sozial inkompetent!?

Meine Freundin: »Guck` nicht immer so böse. Da traut sich ja keiner, dich anzusprechen.«
Ich dachte: »Genau! 24 Stunden am Tag gucke ich böse drein, gehe zum Lachen in den Keller und wenn mich jemand nett anspricht, belle ich generell aus meiner schlechten Laune heraus mein Gegenüber an.« Ihr müsst nämlich wissen, dass ich tief in meinem Innern das Böse in Person bin. Es gibt nichts Nettes an mir, zur Höflichkeit und Freundlichkeit wurde ich nicht erzogen. Jetzt habe ich es! Meine Eltern sind schuld! Sie haben mich nicht richtig erzogen und deswegen gucke ich immer, ja immer, böse drein und das ist der Grund für mein Dasein als Dauersingle. Dann habe ich ja jetzt schon die Ursache für mein

Alleinsein gefunden! Eigentlich könnte ich mit dem Schreiben aufhören. Aber vielleicht hat es doch noch eine andere Ursache? Das werde ich versuchen herauszufinden.

Mein »böser Blick« – 2014

So viel nun zu gut gemeinten Ratschlägen und Äußerungen aus meinem direkten Umfeld. Habe ich daraus etwas gelernt? Ja, und zwar sollte ich mehr auf mich selbst hören, denn ich scheine eine gute Intuition zu haben. Wenn ich einen ungefragten Ratschlag erhalten sollte, werde ich zukünftig erst mein Bauchgefühl befragen. Ich werde horchen, was es mir zu sagen hat. Und wenn es der Meinung ist, dass meine Freunde, Kollegen*innen oder nahestehende Menschen recht haben, was sie über meinen Mann der Begierde oder über meine Person als Single zu sagen haben, dann nehme ich es mit einem guten Gefühl gerne an. Wenn ich mich aber unwohl dabei fühlen sollte, entscheide ich für mich, den Ratschlag mit gutem Gewissen nicht anzunehmen. Denn ich kenne mich inzwischen seit 41 Jahren und weiß nur zu gut, was für mich am besten ist.

2 Meine unterschiedlichen Herangehensweisen, um meinen Mr. Right zu finden

Da man durch Untätigkeit niemanden kennenlernt, hatte ich es mir zum Ziel gesetzt, aktiv zu sein und die Initiative zu ergreifen. Dabei hatte ich mir verschiedene Herangehensweisen überlegt, wie ich einen Mann kennenlernen könnte. Was ich alles veranstaltet habe und was das Ergebnis war, davon berichte ich in diesem Kapitel.

Erste Herangehensweise:
Einer meiner schlauen Versuche lag darin, vergebene Männer anzusprechen. Natürlich wusste ich zu dem Zeitpunkt, als ich sie ansprach, nicht, dass sie eine Freundin hatten. Steht ja nun auch niemandem auf der Stirn geschrieben, ob vergeben, Single, verlobt, verheiratet, verwitwet oder generell nicht interessiert. Zum Leidwesen jeden Singles.

Nun, wenn man abends in einem Club tanzen geht, und nach ein paar Bier etwas lockerer wird, so auch ich, da ergriff mich tatsächlich der Mut und ich sprach wildfremde Männer in meinem Alter an. Na ja, die Anzahl der Versuche lässt sich an einer Hand abzählen, aber ich hatte immer das unsagbare Glück, dass sich nach einiger Zeit der Unterhaltung herausstellte, dass diese netten, jungen (damals war ich auch noch jung), gut aussehenden Männer ... na was? ... natürlich vergeben waren. Allerdings hatten diese Männer alle noch etwas gemeinsam. Sie waren immerhin sehr nett zu mir. Dies hat der unangenehmen Situation ein bisschen die Peinlichkeit genommen. Und ich fühlte mich zumindest ein klein wenig bestätigt, dass ich meine Ansprüche offensichtlich nicht zu hochgesteckt hatte. Ansonsten hätte ich höchstwahrscheinlich eine derbe Abfuhr bekommen nach der Devise: »Was willst du denn eigentlich? Hast du dich schon mal im Spiegel angeguckt?« »Ja, habe ich. Und?«

Zweite Herangehensweise:

Da ich eine recht fortschrittliche und weltoffene Zeitgenossin bin, dachte ich mir, dass ich mich doch dem neuesten Trend unbedingt anschließen müsste, wie man auf schnellste Weise unzählige Singlemänner kennenlernen kann, die genauso deprimiert sind wie ich.

Nein, man meldet sich heutzutage nicht bei einem Tanzkurs an, tritt einem Verein bei und ist sportlich aktiv oder quatscht mal einfach jemanden an, um ein kleines Gespräch anzufangen, um einen potentiellen Partner auf ganz konventionelle Art und Weise kennenzulernen. Nein, das ist wirklich viel zu langweilig. Viel besser ist die Variante des Internets. Des World Wide Webs! Das muss man sich einmal auf der Zunge zergehen lassen. Das WORLD WIDE WEB! Mir steht also die ganze Welt der Männer offen!? Wie viele Männer gibt es denn überhaupt auf der Welt? Und wie viele sind so in etwa in meinem Alter? Wie viele sind großgewachsen, dunkelhaarig, haben strahlende Augen, sind sportlich begeistert und unternehmungslustig? Reisen unheimlich gern in die Länder, die ich auch gerne erkunden würde, haben einen gesunden Humor und verdienen ein beträchtliches Sümmchen im Jahr? Und wer davon kann sich unheimlich in mich verlieben und findet mich total toll? Mir wurde ganz wirr im Kopf bei all diesen ungeklärten Fragen. Ich wurde nachdenklich. Es stellte sich mir die Frage: »Gibt es denn überhaupt auch nur einen einzigen Mann für mich da draußen? Wo soll ich denn nur anfangen zu suchen und wo ihn finden?« Tatsächlich habe ich es gewagt und mich im Laufe der Jahre bei diversen, unterschiedlichen Partnerbörsen angemeldet. Bei Partnerbörsen, die ihre Dienste kostenlos anbieten und auch bei denen, die kostenpflichtig sind. Ich gehöre leider zu den Personen, die sich NICHT alle 11 Minuten neu verliebt haben, geschweige denn, dass sich jemand in mich verliebt hätte. Wäre auch ganz schön anstrengend geworden bei diesem Tempo. Bei der Anmeldung bei einer Partnerbörse, habe ich mich wirklich sehr mit meinem Profil bemüht. Auf den Fotos habe ich brav gelächelt und nicht böse geguckt. Was meine Person und meine Interessen angeht, habe ich mich so authentisch wie möglich beschrieben. So hoffe ich zumindest. Aber es hat nichts genutzt. Den Mann fürs Leben konnte ich bedauerlicherweise nicht finden, auch wenn die Auswahl im riesigen World Wide Web immens ist. Woran es letztendlich lag, dass bei mir das Prinzip der Partnerbörsen nicht aufging, konnte ich bis heute nicht herausfinden. Über meine Erfahrungen mit den Dating-Portalen werde ich später noch etwas detaillierter berichten.

Mein erstes Profilbild – 2007

Dritte Herangehensweise:

Da Hetero-Männer nicht unbedingt im Fitnessstudio in den Step-Aerobic-Kurs gehen und herumhüpfen wie ein Flummi, hatte ich die geniale Idee, dass ich dahingehen muss, wo die Männer sind. Und wo trainieren üblicherweise die Männer? An den Geräten. Nun muss ich dazu sagen, dass ich eine Kursgängerin bin und das Training an den Geräten hasse. Es ist langweilig und stupide. Um aber meinen potenziellen Mann fürs Leben kennenzulernen, zwinge ich mich manchmal zu Dingen, bei dem ich meinen inneren Schweinehund überwinden muss, beziehungsweise dachte ich, dass mir eben nichts anderes übrig bleibt. Ich startete mit Cardiotraining. Ich habe angefangen, auf einem Laufband zu trainieren, was ich unter normalen Umständen niemals getan hätte. Das habe ich dann ein paar Wochen durchgezogen. Ich habe abgecheckt, wann der Mann meiner Wahl immer auf der Gerätefläche trainiert hat und hab dementsprechend meinen Zeitplan umgestellt. Und tatsächlich kamen wir nach ein paar Wochen ins Gespräch. Natürlich hat sich herausgestellt, dass er vergeben ist. Seine Freundin kam manchmal auch zum Training. Ganz wunderbar! Optisch traf er total meinen Geschmack. Meiner Meinung nach war er ein sehr attraktiver, trainierter Mann. Seine Freundin hingegen, total unscheinbar, fast eine graue Maus. Eine meiner Freundinnen arbeitete damals im Fitnessstudio als Servicekraft hinterm Tresen. Sie meinte anfangs schon, dass ich mich mit ihm mal unterhalten sollte. Er sehe zwar gut aus, hätte aber nichts im Hirn. Tja, davon abgesehen, dass er eh vergeben war, hatte sie leider recht. Und wieder war eine meiner klugen Ideen zum Scheitern verurteilt.

Vierte Herangehensweise:

Wie viele andere bin auch ich bei Facebook. Obwohl das aktuell wohl schon wieder out ist, wenn ich es richtig mitbekommen habe. Aber na ja, als ich mich dort angemeldet hatte, war es noch voll im Trend. Aber warum hatte ich mich dafür entschieden, mir ein Profil bei Facebook anzulegen? Tatsächlich war der Grund mal wieder ein Typ aus dem Fitnessstudio. Ehrlich gesagt, ist es mir etwas unangenehm, darüber zu schreiben, aber so war es nun einmal. Frau macht halt manchmal komische Sachen, um einen Mann kennenzulernen. Wir haben im selben Fitnessstudio trainiert.

Wir sind durch eine Freundin in Kontakt gekommen. Optisch war er eigentlich überhaupt nicht mein Typ. Aber er war nett zu mir und hat mir Aufmerksamkeit geschenkt. Aufmerksamkeit, die er wohl jeder einigermaßen attraktiven Frau geschenkt hat. Für ihn schien ich offensichtlich nichts Besonderes zu sein. Nur habe ich es mal wieder als »Anmache« gedeutet. Da ich ihn im Studio nicht so häufig gesehen habe und wir uns immer nur kurz sprechen konnten, habe ich mich bei Facebook angemeldet, da ich wusste, dass er dort auch aktiv ist. Ich habe ihn dann bei Facebook angeschrieben und nach ein paarmal hin und her, direkt gefragt, ob wir mal einen Kaffee zusammen trinken gehen wollen. Ich habe nie mehr etwas von ihm gehört. Das Verhalten von Männern gibt mir immer wieder Rätsel auf. Erst unterhalten sie sich mit einem und suchen teilweise sogar das Gespräch. Und wenn es nur darum geht, mal einen Kaffee trinken zu gehen, ist Funkstille. Ich habe ihn ja schließlich nicht gefragt, ob er mich heiraten möchte. Warum fällt es Männern so schwer, ehrlich zu sein? Er hätte doch zumindest antworten können. Auch wenn die Antwort gelautet hätte, dass er mich ganz nett findet, aber dann doch nicht so nett, um mit mir einen Kaffee trinken zu gehen. Hätte mir zwar auch nicht gefallen, aber es hätte zumindest von Charakter gezeugt.

Eine Bekannte von mir, hat es ähnlich wie ich gemacht und auf Facebook einen Mann, den sie von früher kannte, angeschrieben. Bei ihr hat es geklappt. Sie haben geheiratet und haben inzwischen zwei gemeinsame Kinder. Warum funktioniert dieses System nicht bei mir? Kann mir das mal jemand erklären? Das liegt sicherlich an meinen negativen Schwingungen. Ganz unheimlich starke negative Schwingungen müssen das sein, die MANN über das Internet spürt. Die müssen für mein Gegenüber schon schmerzhaft sein. So nehme ich es zumindest an. Wäre eine Erklärung dafür, dass ich offensichtlich alle Männer vergraule, auf die ich aktiv zugehe.

Fünfte Herangehensweise:

Diese Methode ist wirklich meine peinlichste, die ich angestellt habe, um einen Mann kennenzulernen. Ich bin mir nicht sicher, ob ich davon erzählen soll. Ich schäme mich schon, wenn ich auch nur anfange darüber nachzudenken. Was soll`s. Also … Ich fand einen deutschen Schauspieler ziemlich gut. Optisch genau mein Typ und keine zehn Jahre älter als ich. Also perfekt. Ich habe gerne die Filme, in denen er mitspielt, geguckt und fand ihn sehr sympathisch. Dann habe ich im Internet über ihn recherchiert. Dabei bin ich auf seine Homepage gestoßen mit seinem Lebenslauf, Fotos und einer E-Mail-Adresse. Nach vielen Überlegungen habe ich meinen ganzen Mut zusammengenommen und habe ihn angeschrieben. Ehrlich gesagt, weiß ich nicht mehr, was ich ihm geschrieben habe und was mich geritten hatte. Eigentlich war es von vornherein klar, dass er nicht antworten würde. Was habe ich mir nur dabei gedacht? Was hat mich dazu getrieben? Na ja, wer nicht riskiert, der nicht gewinnt. Ich habe es verwunden. Denn eigentlich bin ich nicht der Typ für Schwärmereien. Aber Ausnahmen bestätigen die Regel und manchmal komme auch ich auf Abwege. Er arbeitet nicht mehr als Schauspieler, sondern hinter den Kulissen. Ich hoffe, dass es nicht an mir liegt. Und ich ihn mit meiner Nachricht nicht so sehr genervt habe, dass er das Handtuch geworfen hat. Ich war bestimmt nicht die einzige

»Nervensäge«. Da gab es bestimmt unzählige E-Mails vor und nach mir von diversen Frauen, die für ihn geschwärmt haben.

Sechste Herangehensweise:
Es ist keine neue Erkenntnis, dass der Mann deines Lebens nicht an deiner Wohnungstür anklopft. Ich persönlich fände das ja ungemein praktisch und hätte absolut nichts dagegen. Bei mir hat tatsächlich auch noch keiner angeklopft. Da ich mir dessen bewusst bin, dass so etwas auch nur im Märchen passiert, habe ich entschlossen, dass ich mehr unter Leute gehen müsste. Und eine gute Möglichkeit unter Leute zu kommen, so dachte ich, sollte doch eine Singlereise sein. Das Wort sagt es schon.

Es treffen sich viele nicht vergebene Menschen an einem Ort und unternehmen dort gemeinsame Ausflüge, nette Unternehmungen. Vorteil an Singlereisen ist definitiv, dass man weiß, dass alle allein und auf der Suche nach einem potenziellen Partner sind. Dementsprechend auch alle anwesenden Männer. Nachteil ist, dass die anwesenden Männer, niemand beziehungsweise ich nicht wirklich als potenziellen Partner haben möchte. Das klingt sehr direkt und gemein. Aber so sieht nun einmal die Realität aus. Attraktive und intelligente Männer nehmen einfach nicht an einer Singlereise teil. Solche Männer verreisen im Rudel, weil das »richtige« Männer nun so machen und nicht anders. Männer, die man bei solchen Reisen kennenlernt, sind definitiv nett, keine Frage. Aber was sagt man über Menschen, die nett sind?

Es gab da aber wirklich mal einen »netten« Mann, den ich bei einer Sportreise im schönen Süden Italiens kennengelernt habe. Er, Roman, war mit einem befreundeten Pärchen angereist, Susan und Guido. Optisch war er auf den ersten Blick nicht mein Typ. Aber bei gemeinsamen Unternehmungen habe ich ihn näher kennengelernt. Komischerweise hielt Roman sich oft in meiner Nähe auf. Das gab mir ein gutes Gefühl und ich habe ausnahmsweise mal keine Mauer aufgebaut. Er hatte einen guten Humor. Das mochte ich sehr an ihm. Und irgendwie meinte ich zu spüren, dass er mich gut leiden konnte. Da ich die Reise nicht ein Jahr im Voraus gebucht hatte, was man besser tun sollte, waren natürlich mal wieder alle Einzelzimmer ausgebucht gewesen. Und ich musste mir ein Doppelzimmer mit wildfremden Frauen teilen. In der ersten und zweiten Woche jeweils eine andere Bettnachbarin, da ich zwei Wochen gebucht hatte und die beiden jeweils nur eine Woche. Meine Zimmernachbarin in der zweiten Woche hatte einen guten Schlaf. Schön für sie. Sie störte meinen durch lautes Schnarchen. Ich beschwerte mich bei Roman darüber. Er meinte, dass er Ohropax dabeihabe und sie mir später vor die Hotelzimmertür legen könnte. Ich gab ihm meine Zimmernummer und war gespannt. Die Ohropax lagen an dem Abend vor meiner Tür. Ich fand, dass das eine sehr nette Geste von ihm war und habe mich darüber gefreut. Aber mehr schien es auch nicht zu sein. Es war ein sehr schöner Urlaub mit tollen Erlebnissen. Als wir uns alle am letzten Abend bei der Farewell-Party verabschiedet hatten, hat man auch darüber gesprochen, dass man sich wiedersehen könnte und hat Kontaktdaten ausgetauscht.

Susan und Guido wohnen in der Hauptstadt Deutschlands. Was für ein Zufall. Denn ich hatte vor meinem Italienurlaub mit einer Freundin ein Wochenendtrip dorthin geplant und schon gebucht gehabt. Die Rede war davon, dass meine Freundin und ich doch zum Grillen vorbeikommen könnten und Roman könnte auch dazukommen. Zuvor könnten wir bei schönem Wetter ein Segelboot mieten und auf einem nahegelegenen See segeln. Wie geplant, so auch umgesetzt. Zwei Monate später war es so weit. Guido war des Segelns mächtig. Den Katamaran-Schein hatte er noch dazu in Süditalien gemacht. Ich fuhr in Italien mal mit ihm mit und hatte mitgeholfen, den

Katamaran zu lenken. Das hat richtig Spaß gebracht. Ich hatte so sehr gehofft und mich darauf gefreut, dass Roman mitsegeln würde. Aber wir waren schon zu viert: Guido, meine Freundin, eine weitere Bekannte aus dem Urlaub und ich. Also war, laut Guido, für Roman kein Platz mehr auf dem Boot. Das fand ich sehr schade. Beim Grillen war Roman aber glücklicherweise mit dabei. Er betonte, dass er mit zum Segeln gefahren wäre, obwohl er es nicht leiden kann. Aber Guido meinte zu ihm, dass das Boot schon besetzt sei. Warum war es ihm wichtig, dass ich das wusste? Es war ein geselliger, schöner Sommerabend. Meine Freundin, Roman und ich verabschiedeten uns gemeinsam von Susan und Guido. Roman hatte uns noch ein Stück begleitet. Als sich unsere Wege trennten, umarmten wir uns zum Abschied und Roman meinte, wenn ich mal wieder in der Nähe wäre, würde er sich freuen, wenn ich mich bei ihm melden würde und wir würden zusammen ein Bier trinken gehen. Das haben wir nämlich des Öfteren in Süditalien gemacht, gemeinsam Bier getrunken. In nächster Zeit hatte ich keine weitere Reise in die Hauptstadt Deutschlands geplant. Also war die Wahrscheinlichkeit auf ein »zufälliges« Treffen mit Roman nicht besonders hoch. Natürlich waren Roman und ich auf Facebook befreundet. Nach diesem netten Abend nahm ich mal wieder meinen ganzen Mut zusammen und schrieb ihm eine Nachricht. Dass ich ihn sehr gerne mag und so weiter und so fort. Wie war seine Reaktion? Roman hat mir mitgeteilt, dass er glücklicher Single sei und gerne allein ist. Eine Beziehung oder Ähnliches käme für ihn nicht infrage. Mein erster Gedanke war, was er denn für negative Erfahrungen mit Frauen gemacht haben musste, um für sich diese Entscheidung getroffen zu haben.

Denn wer ist denn, mal ehrlich, alleine glücklich? Was muss Mann alles Schreckliches erlebt haben, um zu behaupten, dass man allein besser dran wäre als mit mir? Kleiner Scherz am

Rande. Keine Ahnung, ob wir miteinander glücklich geworden wären. Ich hätte es jedenfalls auf einen Versuch ankommen lassen. Denn allein glücklich zu sein, an diesem Punkt bin ich nach 16 Jahren des Alleinseins immer noch nicht angekommen. Entweder mache ich etwas falsch oder Roman macht sich etwas vor. Wer mag das beurteilen?

Wie sich jeder denken kann, hat bei mir die Teilnahme an Single-, Allein-, Gruppen-, Sportreisen oder wie sie alle heißen, nicht zu dem erhofften Ergebnis geführt, meinen Mann des Lebens kennenzulernen. Guter Ansatz, aber gescheitert.

Sportreise nach Kampanien (Süditalien) – 2012:
In einem Motorboot auf dem Weg zum Schnorcheln.

Siebte Herangehensweise:

Bei meiner vorherigen Arbeitsstelle waren gefühlt alle meine Kollegen*innen laufverrückt. Ich konnte mich diesem Einfluss nicht entziehen und fing an, regelmäßig joggen zu gehen. Allerdings war ich nicht so verrückt, fünfmal die Woche zu laufen oder geschweige denn freiwillig Berge hinaufzurennen. Auch ein Marathon schien mir in weiter Ferne zu sein. Es ist in der Tat beeindruckend, wozu der menschliche Körper in der Lage ist, wenn der Wille mitspielt. Mein Wille war erst einmal damit zufrieden, zehn Kilometer am Stück durchzulaufen.

Die Firma bot ab und zu schöne Veranstaltungen an. So konnte man sich zu einem Lauftraining mit zwei Profi-Triathleten im Odenwald anmelden. Gesagt, getan. Es war ein schöner, sonniger Tag. Alle Kollegen, die sich zum Event angemeldet hatten, wurden gemeinsam in einem Bus in den Odenwald gekarrt. Dort angekommen, musste ich natürlich auf die Toilette. Dort bin ich ihm, Claas, einem der beiden Profi-Sportler, das erste Mal begegnet. Ich war positiv überrascht. Er offensichtlich auch. Ich habe mal wieder keine Miene verzogen, aber immerhin habe ich ein »Hallo« herausbekommen. Er war optisch genau mein Typ. Vielleicht ein bisschen dünn, aber das bringt das tägliche, harte Training nun mal mit sich. Wir wurden bei den Übungen in Gruppen aufgeteilt. Ich schien Claas` Aufmerksamkeit geweckt zu haben. Allerdings war ich meistens in der Gruppe von Leon, dem anderen Triathleten.

Leons Frau und seine zwei Kinder waren zum abschließenden Essen erschienen. Claas, mein Lieblings-Triathlet, saß mir beim Essen fast gegenüber. Ich habe die Gelegenheit genutzt und ihm Löcher in den Bauch gefragt. Eine andere Teilnehmerin tat es mir gleich. So erfuhren wir viel über den Alltag und die Ernährung von Triathleten. Dabei kamen wir auf das Thema »Grillen« zu sprechen. Seine Schwiegereltern in spe hätten ihm einen tollen Grill geschenkt. Damit war klar, dass er zumindest eine Freundin hatte und zukünftig eine Ehefrau an seiner Seite. Was anderes hätte mich auch sehr gewundert. Warum sollte ein gut aussehender Mann, der 250 Tage im Jahr unterwegs ist und in der Regel fünf bis zehn Stunden am Tag trainiert, nicht vergeben sein? Gibt in der Tat bessere Voraussetzungen für eine Beziehung. Manche Frauen scheint es aber nicht zu stören, ihren Partner sehr selten zu sehen. Ich würde mich auch zu diesen Frauen zählen. Wären immerhin 115 Tage mehr, die ich jemals einen Mann an meiner Seite hätte als die letzten 16 Jahre insgesamt.

Unser sportlicher Ausflug ging zu Ende. Wir reisten mit schönen Eindrücken und vielen interessanten Informationen über das Triathleten-Leben und Lauftechniken ab. Damit nicht genug, wurde ein Lauftraining einmal pro Woche über mehrere Wochen lang angeboten. Gleich um die Ecke unserer Arbeitsstelle. Claas sollte es leiten. Natürlich hatte ich mich angemeldet, denn ich hatte geplant, für einen Halbmarathon zu trainieren. Noch mehr Tipps und Tricks rund ums Lauftraining konnte ich also gut gebrauchen. Außerdem wollte ich Claas gerne wiedersehen, obwohl ich wusste, dass er vergeben war. Das hat auch geklappt. Ich denke schon, dass von seiner Seite aus auch eine gewisse Sympathie mir gegenüber bestand. Dieses Gefühl bestätigte sich jedes Mal, wenn ich dabei war. Nachdem wir das letzte Mal fleißig unsere Übungen absolviert hatten, meinte er am Ende bei der Verabschiedung, falls wir Rückfragen haben sollten, was das Training angeht, könnten wir uns an die Assistentin unserer Firma wenden. Sie würde uns dann seine E-Mail-Adresse weiterleiten. Als er das erklärte, schaute er mich die ganze Zeit an. Ich war mir nicht sicher, ob das etwas zu bedeuten hatte. Normalerweise würde ich nicht bei jemand »Fremdes« um die E-Mail-Adresse eines Typen betteln, aber es ermutigte mich und ich dachte: »Warum eigentlich nicht? Geh` doch mal ungewöhnliche Wege.«

Ohne Probleme bekam ich seinen Kontakt. Ich schrieb Claas an, denn ich hatte wichtige Fragen. Ich wollte in Erfahrung bringen, was ich alles für meinen Halbmarathon zu beachten hätte und vielleicht bekam ich auch noch Interessantes über Claas heraus. »Schön von dir zu hören«, antwortete er mir. Über seine Reaktion hatte ich mich gefreut. Und doch wurde ich das Gefühl nicht los, dass er im nächsten Moment schon bereute, dass er das geschrieben hatte. Bei Facebook habe ich auf seiner Triathleten-Seite recherchiert sowie im Internet. Irgendwann habe ich sie gefunden. Fotos von seiner Freundin. Eine Blondine. Keine wirkliche Überraschung für mich. Von der Figur her aber definitiv nicht schlanker als ich. Immerhin! Aber warum denn eine Blondine? Immer diese Klischees. Dunkelhaariger Typ mit Blondine an seiner Seite. Ich schrieb ihm erneut. Aber ich bekam keine Antwort mehr. Wunderbar, dass ich immer an die treuen, vergebenen Männer gerate, die auch noch glücklich zu sein scheinen. Grundsätzlich finde ich es sehr gut, dass es sie noch gibt – die treuen Männer. Meine Bilderbuchwelt scheint doch noch in irgendeiner Weise zu existieren. Nur nicht in meinem Leben.

Trotzdem passiert immer mal wieder Folgendes und das gibt mir Rätsel auf: Sie ist verheiratet und er ebenso. Dann lernen sie sich kennen, beide lassen sich scheiden und heiraten einander. Wie ist das möglich? Bei mir funktioniert so etwas nicht einmal ansatzweise. Obwohl ich Single bin und mich nicht extra scheiden lassen müsste. Wahrscheinlich bin ich uninteressant, weil ich zu »leicht« zu haben bin?

Im Fall von Claas hat mich mein Gefühl offensichtlich an der Nase herumgeführt. Und Claas scheint sehr glücklich mit seiner blonden Freundin zu sein. Trotzdem werde ich nicht schlau daraus – aus den Männern.

Ich habe mir nie wieder die Kontaktdaten eines Typen ergaunert, von einem Mann, den ich interessant fand. Was ich

Positives aus dieser Erfahrung mitgenommen habe? Ich habe meine Lauftechnik verbessert und wende diese bis zum heutigen Tag mit Erfolg an. Meine Knie machen beim Joggen (noch) keine Zicken.

Lauftraining im Odenwald – 2015

Achte Herangehensweise:

Seit einigen Jahren gehe ich nun regelmäßig joggen. Körperliche Ertüchtigung kann ja nie schaden. Man hält nicht nur seinen Bewegungsapparat fit, sondern ist auch noch an der frischen Luft, kann über vieles nachdenken, die Natur genießen und bei schönem Wetter bekommt man im besten Fall einen gesunden Teint. Meine Laufstrecke führt an einem Fluss entlang. Ich finde es sehr entspannend, dort laufen zu gehen. Das denken offenbar viele andere auch. So wird es nie langweilig, weil ich immer wieder jemandem begegne. Männer, die Rad fahren oder joggen. Erstaunlicherweise scheinen sich tatsächlich durchschnittlich mehr Männer sportlich zu betätigen als Frauen. Das ist mir auf meiner Laufstrecke aufgefallen. Vorteil daran ist, dass ich viel zu gucken habe und ab und zu auch ein attraktiver Mann dabei ist. So bin ich einem sportlichem, dunkelhaarigem, großgewachsenem Mann begegnet. Immer mal wieder. Da ich beim Laufen sehr häufig gedankenversunken bin, habe ich ihn immer nur im letzten Augenblick bemerkt, da ich das Gefühl hatte, angeschaut zu werden. Ich muss jedes Mal wie ein erschrockenes Eichhörnchen geguckt haben und habe sonst auch keinerlei Emotion gezeigt. Irgendwann nickte er nicht nur, sondern hob auch kurz seine Hand zum Grüßen. Er schien sehr sportlich zu sein. Offensichtlich hat er regelmäßig Intervalltraining absolviert. Deswegen nahm ich an, dass er eventuell Profisportler sein könnte. Das hat mich beeindruckt. Genauso wie sein Erscheinungsbild und dass ich ihm offensichtlich auch aufgefallen war. Dann fing ich an, einen Plan zu schmieden. Es gab eine gewisse Regelmäßigkeit, an welchen Tagen und um welche Uhrzeit wir gelaufen sind. Nun bin ich bewusst zu diesen Zeiten laufen gegangen, in der Hoffnung, ihm zu begegnen. Während ich lief, habe ich mir innerlich gewünscht, ihm nicht zu begegnen. Das war natürlich total widersprüchlich. Irgendwie wusste ich nicht, wie ich mich bei einer weiteren Begegnung verhalten sollte, ohne dass es verkrampft wirken würde. Zudem wusste ich ja überhaupt nicht, ob er vergeben war. Und Gucken und Grüßen ist ja nun mal nicht verboten, wenn man vergeben ist. Bedeutet ja auch nicht unbedingt, dass er etwas von mir wollte. So dachte ich mal wieder und dachte und dachte viel zu viel. Am Ende war ich jedes Mal enttäuscht, wenn ich wieder zu Hause bei mir angekommen war und ihn nicht gesehen hatte. So ging es eine ganze Zeitlang. Es waren inzwischen Monate vergangen, als ich nachmittags an Silvester laufen gewesen war. Ich sah ihn schon aus der Ferne. Schließlich kannte ich seinen Laufstil und seine Statur. Ich dachte nur: »Jennifer, lächeln, lächeln.« Meine Güte, das habe ich wirklich hinbekommen.

Ich war auf dem Hinweg. Das hieß, dass er es auch war und mir auf dem Rückweg auf jeden Fall noch einmal begegnen würde. Was sollte ich nur tun, um weiterhin seine Aufmerksamkeit auf mich zu lenken? Sollte ich so tun, als würde ich stolpern, in der Hoffnung, dass er aufmerksam wäre, mir zu Hilfe käme und wir würden bestenfalls miteinander ins Gespräch kommen? Oder sollte ich ihm einfach ein Bein stellen und mich tief erschüttert entschuldigen? Das war mir wirklich zu heikel und irgendwie auch viel zu dämlich. Obwohl ich dabei meine schauspielerischen Qualitäten hätte unter Beweis stellen können. Ich grübelte weiter, während ich lief, und sah gespannt dem Moment entgegen, wenn wir uns erneut begegnen würden. Ich sah ihn wieder von Weitem. Als wir uns trafen, lächelte ich erneut. Ich kann es, wenn ich will, und sagte: »Guten Rutsch!« Das wünschte er mir auch. An seine genauen Worte kann ich mich nicht mehr erinnern. Danach bin ich noch einige Male zu »unseren« Zeiten laufen gewesen. Aber ich habe ihn seitdem kein einziges Mal mehr gesehen. Sehr zu meinem Bedauern. Es hat mich eine Zeitlang wirklich traurig gestimmt. Dann habe ich angefangen, es mir, wie immer, »schönzureden«. Er wird mit Sicherheit vergeben sein. Von daher waren meine Chancen eh nicht besonders groß oder eher gleich Null, um erfolgreich zu sein. Sprich Handynummern auszutauschen und sich auf einen Kaffee zu treffen. Wäre er Single gewesen, hätte er bestimmt mehr als gelächelt und zur Begrüßung seine Hand gehoben, so meine Hoffnung. Nun hatte er es nicht nötig, da seine blonde, gertenschlanke Freundin sicherlich jedes Mal schon zu Hause mit heißem Kaffee auf ihn gewartet hatte. So muss es sein, entschied ich für mich und hakte das Thema »Niddaläufer« ab.

3 Verpasste Chancen

Ich glaube, dass ich nicht falsch damit liege, wenn ich die Behauptung aufstelle, dass eigentlich jeder schon dieses Gefühl verspürt hat, etwas im Leben verpasst zu haben, ganz gleich in welcher Lebenslage. Nun kann ich mich davon auch nicht ausschließen. Ich will nun aber auch nicht behaupten, dass ich der wandelnde Beweis für verpasste Chancen bin. Es gab schon die ein oder andere Situation, nachdem ich mich hinterher sehr geärgert habe, dass ich nicht offensiver oder geduldiger war. Aber manche Chancen habe ich glückerweise ergriffen. Auch wenn das Ergebnis nicht das gewünschte war.

In jüngeren Jahren, lang ist es her, war ich ein unheimlich schüchternes, kleines Mädchen. Ich glaube, ich habe nicht geredet oder zumindest nicht sehr oft und auch nicht sehr viel. Ich habe alles in mich aufgesogen und meine Umwelt beobachtet. Aber reden war definitiv nicht meine Stärke. Ich habe mich nicht getraut. Fühlte mich gehemmt. War scheu und wollte gegenüber meinen Mitmenschen nicht negativ auffallen. Fühlte mich ständig beobachtet, selbst wenn ich gar nicht beobachtet wurde. Das ist ein Problem der Schüchternheit. Man wirkt unsicher und ist es mitunter auch. So habe ich recht früh gemerkt, dass Schüchternheit ziemlich hinderlich sein kann. Zudem wird man von seiner Umwelt nicht wirklich wahrgenommen. Das hat mich geärgert. Denn tief in meinem Innern war ich schon immer eine kleine Rampensau, eine klitzekleine. Aber irgendwie kam ich nicht aus meiner Haut. Mit 18 Jahren habe ich endlich den Entschluss gefasst, aktiv gegen meine Schüchternheit anzukämpfen. Es war in der Tat ein Kampf. Ein jahrelanger. Und auch heute muss ich in gewissen Situationen immer noch meinen inneren Schweinehund überwinden. Daher wundert es nicht, dass es in meinem Leben so einige verpasste Chancen gibt, die ich einfach aufgrund meines Schüchternseins und mangelnden Selbstbewusstseins nicht genutzt habe.

Ich war Mitte/Ende 20, als ich mit einer Freundin abends in Hannover unterwegs war. Wir waren erst etwas in der Ständigen Vertretung essen und wollten anschließend noch aufs Maschseefest gehen. Im Restaurant bediente uns ein netter, attraktiver Kellner, ungefähr in meinem Alter. Er war optisch genau mein Typ.

Aber ich dachte mal wieder: »Der hat bestimmt eine Freundin. Und wenn nicht, wird er sich mit Sicherheit nicht für mich interessieren.« So bestellten wir, bekamen unser Essen und aßen. Irgendwann musste ich mal wohin. Innerlich hatte ich gehofft, dass er mir auf dem Weg zur Toilette begegnen würde und wir vielleicht ins Gespräch kämen. Das passierte natürlich nicht. Nachdem wir fertig mit unserem Essen waren, haben wir die Rechnung verlangt. Der nette Kellner hatte uns, mit Blick auf mich gerichtet, gefragt, was wir denn noch machen würden. Ob wir weiterziehen würden. Meine Freundin antwortete, dass wir noch aufs Maschseefest gehen würden. Ich dachte, ob ich ihn fragen sollte, wann er denn Feierabend hat und wir uns nicht treffen sollten. Aber ich habe keinen Ton herausbekommen. Meine Freundin war ihm gegenüber auch ziemlich abweisend gewesen. Empathie war leider nie ihre große Stärke. Hätte sie sich denn nicht denken können, dass er sich für mich interessieren würde oder ich für ihn? Da habe ich wohl zu viel verlangt. Im Nachhinein habe ich mich dermaßen geärgert, dass ich meinen Mund nicht aufbekommen habe. Vielleicht wären wir bis heute ein glückliches Paar und hätten zwei Kinder. Tja, die Kinder hat er jetzt mit einer anderen. Und ich gehe weiterhin ohne Mann an meiner Seite durch die Welt.

In Hannover unterwegs – 2002

Über das Oktoberfest oder die Wiesn, wie es in München genannt wird, hatte ich eine feste Meinung, genauso, was Karneval betraf. Blödsinnige Veranstaltungen, auf denen eh nur deutsche, nervige Schlager gespielt werden. Meine Freundin Annabel hatte eine Freundin in München wohnen und wollte diese gerne besuchen. Ich weiß gar nicht mehr genau, wie es kam, aber ich habe sie dahin begleitet. Reisen war und ist immer noch eine meiner Leidenschaften. So war ich froh gestimmt, eine neue Stadt, und das auch noch im entfernten Süden Deutschlands, kennenzulernen. Welche Jahreszeit ist denn wohl die beste, um nach München zu reisen? Wir entschieden uns für die Zeit, wenn die Wiesn stattfinden. Auf unserem Plan stand, München zu erkunden, shoppen zu gehen und natürlich das Münchner Oktoberfest zu besuchen. Annabel hatte in unserer Heimat schon ein Dirndl gekauft gehabt. Das fand ich etwas überzogen. Ich nahm meinen Jeansrock mit und zog dazu eine weiße Bluse mit bordeauxfarbener Korsage an. Wenigstens etwas dirndllike.

Wir haben uns angesehen, was man beim ersten Besuch als Tourist in München wahrscheinlich alles gesehen haben muss. Und wir waren auf den Wiesn. Ein Abend, einen zweiten Abend und ich war überzeugt. Ich mochte die Atmosphäre mit Musik. Es wurde mitgesungen, geschunkelt, auf den Bänken getanzt. Es gab an jedem zweiten Stand leckeres Essen, eine große Auswahl an Fahrgeschäften und nette Menschen, Einheimische sowie verschiedene Nationalitäten. Wir entschieden, auch an unserem letzten Abend in München, den Wiesn noch einen Besuch abzustatten. Zuvor waren wir noch in München shoppen und liefen an einem Dirndl-Fachgeschäft vorbei. Draußen hingen wirklich schöne Dirndl. Auf Drängen von Annabel gingen wir hinein. Ich sollte mir doch endlich auch ein Dirndl kaufen. So habe ich eins anprobiert, welches mir auf Anhieb gut gefiel. Der Preis war bezahlbar. Sollte ich den Spaß mitmachen? Ich kaufte das Dirndl. Schon am Abend führte ich es aus. Der Kauf sollte sich lohnen, denn das Jahr darauf, 2008, fuhren wir erneut nach München.

2008 war das Wetter regnerisch, als wir auf den Wiesn umherflanierten. Ich erinnere mich, dass alle Zelte voll waren. Und es selbst als Mädel schwierig war, sich in ein Festzelt zu mogeln. So blieb an diesem Abend am Ende nur noch das Schottenhamel-Festzelt übrig. Das war bei uns irgendwie nicht so angesagt. Schien uns nicht hip genug zu sein. Trotzdem warteten wir vor der Tür im strömenden Regen unter unseren Regenschirmen und meine Laune sank in den Keller. Irgendwann war es endlich so weit und wir durften ins warme Innere. Wir quetschten uns zu viert mit an einen Tisch und bestellten uns jeweils ein Maß Bier. Am Nachbartisch war eine nette Gesellschaft mit Jungs und Mädels. Na ja, so jung waren sie auch nicht mehr, aber schon etwas jünger als wir. Ich kam mit dem einen ins Gespräch. Torben war sein Name. Ein gebürtiger Münchner. Wir unterhielten uns sehr nett. Er erzählte, dass er sich als Inneneinrichter selbstständig machen wolle. Da horchte ich auf. Auch mich interessiert es sehr, wie Menschen sich eingerichtet haben und wohnen. Einer meiner Berufswünsche war schon recht früh, die Häuser und Wohnungen wohlhabender Leute einzurichten. Denn da hat man meistens relativ freie Hand. Man hat mit schönen und edlen Wohnungseinrichtungen zu tun und kann seiner Kreativität mehr oder weniger freien Lauf lassen. Ist natürlich abhängig vom Kunden.

Er hatte meine volle Aufmerksamkeit. Dazu sah er auch noch gut aus und schätzte mich jünger ein. Spätestens da hatte er ein Stein bei mir im Brett. Es war ein schöner und amüsanter Abend. Ich fühlte mich in seiner Gegenwart wohl. Wir tauschten Nummern aus. Wir schrieben uns noch, als ich wieder zurück in Niedersachsen war. Die »Unterhaltungen« waren leider recht zäh. Er sei gerade beruflich sehr eingespannt wegen seiner angehenden Selbstständigkeit. Das betrübte mich. Ich dachte immer, wenn man sich mag und jemanden gerne kennenlernen möchte, ist man auch bereit, Opfer zu bringen. Und schreibt nach einem anstrengenden Arbeitstag doch noch kurz zurück. Er schien andere Prioritäten zu haben. Die Entfernung Hannover – München war nun auch nicht unerheblich. Somit beließ ich es dabei und meldete mich nicht mehr bei ihm. Hätte ich hartnäckiger sein sollen? Er meldete sich aber auch nicht bei mir. Das sagte doch alles. Sollte er doch mit seinem Geschäft glücklich werden. Mit mir jedenfalls nicht. Nach all den Jahren muss ich immer mal wieder an ihn denken. Was wohl aus ihm und seinem Geschäft geworden ist? Das würde mich nach wie vor brennend interessieren.

Auf den Wiesn in meinem Dirndl – 2008

Da ich schon so viele Jahre allein bin, befürchte ich, dass ich für Zeichen beinahe unempfänglich geworden bin. Meine Erfahrungen haben mich gelehrt, dass Männer manchmal einfach nur nett sind und gar nicht mehr wollen, keine Hintergedanken haben. Es fällt mir schwer, die Zeichen zu deuten, denn dazu kenne ich mein Gegenüber oft viel zu wenig. Für den einen ist eine nette Geste schon mehr, bei dem anderen eine alltägliche Selbstverständlichkeit. Aber woher soll ich das wissen? Und daher denke ich, um mich nicht wieder zu blamieren, dass es sich um eine alltägliche nette Geste handelt und reagiere entsprechend verhalten darauf. Sollte der Mann aber doch andere Absichten gehabt haben, mag er von meiner Reaktion enttäuscht sein und belässt es dabei. Wenn ich ihn gut fand, so habe ich es ihm nicht gezeigt, weil ich der Meinung war, dass er nur nett war. Was für ein dummer Teufelskreislauf. Ich scheine unfähig zu sein, zu flirten und »Zeichen« zu senden und zu deuten. Meine Risikobereitschaft ist dahin. Weil ich befürchte, abgelehnt zu werden. Denn meine Initiative hat leider nie wirklich zu einem guten, dauerhaften Ergebnis geführt.

Aber mal im Ernst: Wer begegnet im Alltag ständig Männern, die interessant und zudem alleinstehend sind? Meinen Weg kreuzen sie nicht beziehungsweise sehr selten. Und aus diesem Grund gibt es auch nicht besonders viele Chancen, die ich ergreifen, geschweige verpassen könnte. Auch wenn ich heute offensiver bin als früher und auf einen Mann zugehen würde, bringt es nichts, wenn ich keinem begegne und sich mir keine Gelegenheit bietet.

Manchmal ergibt sich eine Chance, aber der Anstand gebietet, diese nicht zu ergreifen.

Zum Beispiel, als ich bei meiner Hausärztin war. Es ging mir nicht gut und ich brauchte eine Krankschreibung. Es ist eine Gemeinschaftspraxis nur mit Ärztinnen. Da rief mich doch ein junger Mann auf und bat mich ins Behandlungszimmer. Ich war irritiert. Es stellte sich heraus, dass er Weiterbildungsassistent ist und sich zum Hausarzt spezialisieren möchte. Er sah gut aus und ist mit Sicherheit sehr klug, da man, um Medizin studieren zu können, bekanntlich den Numerus Clausus erfüllen muss. Zudem war er sehr nett. Zumindest hat er mich krankgeschrieben. Kein Wunder, bei dem, was ich ihm vorgejammert habe. Obwohl es mir schlecht ging, kamen mir Gedanken wie, dass er sicherlich ein toller Mann ist.

Ich fühlte mich zu ihm hingezogen. Schätzungsweise und rein rechnerisch müsste er Anfang dreißig gewesen sein. Zu jung. Was sollte er mit einer vergleichsweise alten Schachtel wie mir? Zudem sind attraktive Ärzte mit Sicherheit nicht solo unterwegs. Außerdem war er in dem Moment mein behandelnder Arzt. Was hätte ich denn da sagen sollen? Ich weiß zwar nicht, wie ihr Beziehungsstatus ist und mir geht es gerade elend, aber wollen Sie mich nicht mal auf einen Kaffee einladen? Denn ich fühle mich in Ihrer Nähe sehr wohl und gut sehen Sie auch noch dazu aus. Und außerdem sind Sie freundlich zu mir. Das macht doch kein Mensch! Ich jedenfalls nicht. Ganz blöd fand er mich, glaube ich, nicht. Aber als Arzt ist er befangen und darf keine Patientin »anbaggern«. Genauso wenig wie ein Boss seine Sekretärin angraben darf. Vielleicht sah er auch keine Notwendigkeit, in diese Richtung aktiv zu werden, da er in festen Händen ist.

Kann man das als eine verpasste Chance werten? Eine verpasste Chance, die man allerdings aufgrund von Anstand im Normalfall nicht nutzt. Schon etwas zum Verzweifeln. Ich komme mir vor, als würde ich in einem Hamsterrad laufen und laufen und laufen und komme doch nicht wirklich voran. Ein kluger Ausweg hat sich mir bis jetzt nicht eröffnet. Und so laufe ich weiter … in meinem riesigen, wunderbar runden Hamsterrad.

Und was ist die Moral von der Geschicht'? Wie es eine Freundin einmal sehr treffend ausgedrückt hat: »Man bereut immer nur das, was man nicht getan hat.« Deswegen muss ich weiterhin all meinen Mut zusammennehmen und aktiv werden, wenn sich mir eine Chance ergibt. Auch wenn mir manchmal nicht danach sein mag, weil ich mich in dem Moment nicht selbstbewusst fühle, ist es die wesentlich bessere Alternative, als wieder eine Chance vorbeiziehen zu lassen. Da heißt es, den inneren Schweinehund zu überwinden. Sicherlich wäre es sinnvoll, wenn ich mich bemühen würde, Gelegenheiten zu schaffen. Das ist allerdings nicht ganz so einfach, und zu Zeiten der Covid-19-Pandemie eine regelrechte Herausforderung. Aber aus jeder Not kann man eine Tugend machen. Wie? Dazu muss ich noch mal in mich gehen und vielleicht fällt mir dazu noch etwas Schlaues ein. Denn langsam gehen mir die Ideen wirklich aus, was ich alles tun könnte, um einen Mann kennenzulernen. Vielleicht lege ich jetzt einfach mal meine Hände in den Schoß und warte ab, was passiert. Oder ich laufe den ganzen lieben Tag lächelnd durch die Gegend und versprühe Mengen an positiver Energie … bis die Männer mit der weißen Weste kommen und mich einfangen.

4 Das Singledasein und dessen Vorteile genießen

Ich muss gestehen, dass ich meine Freiheit als Dauersingle nicht immer als Segen empfinde. Manchmal habe ich eher das Gefühl, dass ein Fluch auf mir lastet. Vielleicht wurde ich tatsächlich als Baby, als ich friedlich in der Wiege lag, von einer bösen Hexe heimgesucht und wurde von ihr verwunschen. Wer weiß? »Du wirst niemals einen Mann finden, in den du dich verlieben wirst und der dich von Herzen schätzt und liebt.« So oder so ähnlich könnte ihr böser Zauberspruch geklungen haben. So muss es gewesen sein. Das würde heißen, ich muss jetzt einen Prinzen finden, der den Fluch brechen kann. Wo findet man heutzutage denn noch Prinzen? Vielleicht in der Hölle? Na, das ist mal eine Herausforderung. Wahrscheinlich begegne ich ihm, wenn ich alt, grau und runzelig bin und mir schon meine Zähne im Mund ausfallen und ich selbst aussehe wie eine Hexe. Was für wundervolle romantische Aussichten!

Ich – die Hexe! – 2015

Natürlich kann man es sich nicht ständig schönreden, Single zu sein und das Single-Leben abfeiern. Umgekehrt ist das ja in einer Beziehung ähnlich. Dort herrscht ebenfalls nicht immer eitel Sonnenschein. Und der eine oder andere hat sich sicherlich schon einmal gefragt, ob es das ist, was man wirklich möchte und ob es die richtige Person ist, mit der man sein Leben verbringt. Ich, als Single, neige dazu, zu denken, dass alle, die in einer Beziehung sind, superglücklich sind. Alles ist traumhaft. Er und sie passen perfekt zusammen. Sicherlich gibt es eine Menge Beziehungen, die sehr glücklich sind. Aber es gibt mindestens doppelt so viele Paare, die es nicht sind und nur aus Bequemlichkeit oder sogar aus finanziellen Gründen zusammenbleiben. Das tröstet mich nicht wirklich und trägt wahrlich nicht zu meinem Glück bei, aber der Gedanke daran hilft ein bisschen. Als Single vergesse ich des Öfteren, was mir für Möglichkeiten offenstehen. Diese sollte ich als Alleinstehende auf jeden Fall auf dem Weg zum Mr. Right ausschöpfen. Ich bin unabhängig! Das sollte ich auf jeden Fall nutzen! Ich kann machen, was ICH will und worauf ICH Lust habe. Ich kann mir anschaffen, was ich will und für notwendig erachte und brauche niemanden um Erlaubnis zu fragen. Ich muss auf niemanden Rücksicht nehmen und keine (faulen) Kompromisse eingehen.

Und so habe ich einige »Projekte« in Angriff genommen, die ich eventuell nicht umgesetzt hätte, wenn ich einen Partner an meiner Seite gehabt hätte. Weil ich sehr wahrscheinlich mit anderen Dingen beschäftigt gewesen wäre und keine Zeit dafür gefunden hätte.

Ich treibe seit meinem 19. Lebensjahr regelmäßig und gerne Sport. Da mein damaliger Job mich nicht sehr gefordert hat, habe ich mir eine private Herausforderung gesucht. Nach vielen Jahren des Trainings wollte ich bei den Sportkursen im

Fitnessstudio nicht nur mitmachen, sondern vorne stehen und die Vorturnerin sein. Deswegen hatte ich mich dazu entschlossen, einen Trainerschein für ein spezielles Langhanteltraining zu absolvieren. Ich ging motiviert daran und dachte: »Was kann denn daran so schwer sein, zehn Lieder zu lernen und eine ganze Stunde mit voller Power zu geben?«

Ich habe es tatsächlich ein bisschen unterschätzt. Nur ein einziges Lied zu lernen, auf den Takt genau die Übungen sauber vorzumachen, dabei zum richtigen Zeitpunkt Anweisungen zu geben und noch die Fehler der Teilnehmer durch entsprechende Kommentare zu korrigieren, haben meinen Kopf fast zum Platzen gebracht. Und davon musste ich nicht nur ein Lied, sondern insgesamt zehn lernen! Aber wie allgemein bekannt, macht Übung schließlich den Meister. Und so war es auch in diesem Fall. Letztendlich möchte ich damit sagen, dass ich mir nicht sicher bin, ob ich diese Herausforderung angenommen hätte, wenn ich einen Partner gehabt hätte. Denn es war anfangs sehr zeitintensiv und hat mich Nerven gekostet. Es wäre wahrscheinlich abhängig vom Partner gewesen. Wenn er selbst sportlich wäre, hätte er mich sicherlich dazu ermutigt. Wäre er kein Sportsfreund, hätte er es mir vielleicht »ausgeredet« und ich hätte ihm zum Schluss auch noch recht gegeben. So hatte ich aber die Zeit und Motivation und habe es durchgezogen. Vier Jahre lang habe ich in einem Fitnessstudio Kurse gegeben. Irgendwann mochte ich dann nicht mehr. Aber es war gut, dass ich das Ganze durchgezogen und in die Tat umgesetzt habe. Es war die Mühe wert.

Wenn ich so ganz allein verreise, also im Vorfeld weiß, dass die Aussicht nicht besonders groß sein wird, dass ich Menschen kennenlerne, wie es im Gegensatz dazu bei einer Gruppen- oder Sportreise der Fall wäre, überlege ich mir manchmal »Events«. Was ich auf meinen Reisen unternehmen könnte. So stand im Frühjahr wieder ein einwöchiger Urlaub an und ich habe überlegt, worauf ich denn Lust hätte. Eine Zeitlang habe ich sehr gerne »Let's Dance« geguckt. So zu tanzen war schon immer mein Wunsch gewesen. Als Mädchen war ich in meinen kühnsten Träumen eine fabelhafte Tänzerin. Gerne hätte ich beruflich tatsächlich etwas mit Tanz, Sport und Schauspielerei gemacht. Aber leider war mir das nicht vergönnt gewesen. Meine Devise war und ist immer noch, dass ich endlich, soweit es meine Möglichkeiten zulassen, meine Träume leben möchte. Da ich noch nie in meinem Leben an einem Tanzkurs teilgenommen hatte, beschloss ich, dass es höchste Zeit war. Für einen Singletanzkurs wollte ich mich nicht anmelden. Denn da herrscht chronischer Männermangel. Also keine tollen Aussichten auf schnelle Fortschritte und Erfolgserlebnisse.

Zudem leide ich unter einem unangenehmen Phänomen, was ich fremden Männern nicht antun möchte. Es ist mit den Jahren schon besser geworden, denn als ich Teenie war, war es ganz schlimm. Ich habe Schweißhände! Wenn ich aufgeregt bin, meinen meine Schweißdrüsen, unheimlich viel Flüssigkeit produzieren zu müssen. Da Tanzen für mich aufregend ist, weil es neu für mich ist und ich weiß, dass jemand meine Hände anfassen muss, erhalten meine Handschweißdrüsen den Befehl von meinem Gehirn, dass sie jetzt aktiv werden und auf Hochtouren laufen sollen. Welchen Sinn das Ganze haben soll, weiß der Geier. Unser menschlicher Körper ist eben komplex und unergründlich.

Nun habe ich meine Idee umgesetzt und hatte Privattanzstunden in einer Tanzschule im idyllischen Limburg gebucht. Limburg kannte ich vorher noch nicht und daher dachte ich, dass ich den Tanzkurs mit Sightseeing und Shopping verbinden könnte. So gedacht, so getan. Mir wurde ein netter, junger Tanzpartner an meine Seite gestellt. Eine Woche lang haben wir von Discofox, Cha Cha über den langsamen und schnellen Walzer alles zusammen durchgetanzt. Mit seinen 18 Jahren hat er das wirklich gut gemacht. Ich habe gelernt, dass es damit steht und fällt, ob der Mann gut führen kann oder nicht.

Der intensive Privatunterricht und die Anstrengungen haben sich gelohnt und waren recht schnell mit Erfolg gekrönt. Später habe ich überlegt, wann ich meine Tanzkünste denn anwenden könnte. Da fiel mir auf, dass heutzutage noch nicht mal mehr auf Hochzeiten unbedingt der Paartanz praktiziert wird. Zum Tanz aufgefordert, wurde ich bei Hochzeiten als Gast eigentlich nie. Nun gut, immerhin habe ich mir damit einen Traum erfüllt. Und das zählt doch. Und wenn mich ein Mann doch irgendwann mal zum Tanzen auffordern sollte und er dazu noch gut führen kann, sollte das mit uns klappen.

Und was haben meine Schweißhände gemacht? Es war alles halb so dramatisch. Mein junger Tanzpartner litt nämlich auch unter diesem Phänomen. Welch Erleichterung! Das nahm den Druck. Er hat sich nicht über meine feuchten Hände beschwert und ich mich nicht über seine. Wir waren uns einig und konzentrierten uns einfach aufs Tanzen.

Da in meinem Privatleben und auch bei der Arbeit vieles nicht rundlief, beschloss ich nach langen und reiflichen Überlegungen, mir einen anderen Job zu suchen und dabei einen Ortswechsel in Kauf zu nehmen. Beziehungsweise war es das, was ich wollte. Woanders einen Neuanfang zu starten. Neue Menschen kennenzulernen. Ich musste diese Entscheidung nur für mich allein fällen. Es war keine Absprache mit einem Partner notwendig. Ich habe in diesem Fall meine Unabhängigkeit genutzt und bin allein von Niedersachsen nach Hessen gezogen. Insgeheim hatte ich gehofft, in Hessen einen tollen Mann kennenzulernen, der Single ist und in den ich mich verlieben würde. Und er mich als Partnerin schätzen würde.

So die Theorie. Die Praxis sah etwas anderes vor. Aber ich habe es zumindest versucht und meine Freiheit genutzt. Auch wenn der Schritt, allein woanders von vorne anzufangen, für mich alles andere als leicht war. Aber es ist gut gegangen. Und ich habe es bis heute nicht bereut. Es war eine meiner besten, wenn auch eine der schwersten Entscheidungen. Und vielleicht lerne ich doch noch einen netten Hessen kennen – wer weiß?

Während des Corona-Lockdowns dachte ich, dass ich sicherlich viel Zeit hätte und diese sinnvoll nutzen könnte. Mir kam die Idee, das zu lernen, was ich in Kindstagen schon immer lernen wollte. Das Klavierspielen.

Nach einigen Überlegungen und Recherchen im Internet habe ich mir ein E-Piano angeschafft. Den Klavierkurs habe ich via App gekauft. Anfangs fleißig und munter dabei, merkte ich, dass ich trotz des Lockdowns nicht wirklich viel mehr Zeit hatte. Und meine Tage wurden voller und voller, sodass ich am Ende einfach nur gestresst war. Im Homeoffice bis zu zehn Stunden arbeiten, Haushalt und Einkäufe erledigen, Arzttermine wahrnehmen, Sport treiben, Spaziergänge in der Natur, Dehnübungen (notwendig wegen meiner sitzenden beruflichen Tätigkeit, welche Verspannungen im Nackenbereich verursacht haben), Klavier spielen. Das alles beherrschte meinen Alltag. Natürlich sind es auch schöne Dinge gewesen, wie mein Sport und Spaziergänge allein oder zu zweit. Die waren aber auch essentiell für meine emotionale Gesundheit, damit ich im Homeoffice nicht eingerostet bin. Wenn ich es professionell ausdrücken soll, war und ist es wichtig für meine Work-Life-Balance. Beim Klavierspielen habe ich eindeutig Fortschritte gemacht. Aber ein ganzes Lied zu spielen, stand noch gar nicht zur Debatte. Ich musste meine Prioritäten anders setzen.

Mein E-Piano – 2020

Mein Job hat mich mal wieder alles andere als erfreut und hat die meiste Zeit meines Tages gefressen. Ein Plan B musste her, welcher mir Hoffnung gibt. Daher fing ich vor über einem Jahr an, dieses Buch zu schreiben. Kam aber nur schwer voran. Da mein Leidensdruck, was meine Arbeit anging, immer größer wurde, habe ich umpriorisiert und habe das Schreiben dem Klavierspielen vorgezogen. Denn ich wollte gerne ein Buch schreiben, welches den Zahn der Zeit trifft. Dazu hatte ich schon jahrelang meine Erfahrungen immer wieder notiert gehabt. Jetzt war es so weit, alles in Worte zusammenzufassen und dies möglichst zügig. Denn in all den Jahren meines Berufslebens in der Industrie habe ich gelernt, dass Zeit Geld ist. Also erledige alles schnell, schneller, am schnellsten und am besten gestern schon.

Ich spiele schon lange mit dem Gedanken, mir eine Immobilie zu kaufen. Nur ist das im Rhein-Main-Gebiet ein ausgeklügeltes Unterfangen. Die Preise sind in den letzten Jahren regelrecht in die Höhe geschossen. Meiner Meinung nach ist das maßlos überzogen. Verständlich, dass es hier etwas teurer ist, da die Lebensqualität schon recht hoch ist. Aber trotzdem rechtfertigt es nicht die Preise, wie sie aktuell sind. Ich behaupte, dass ich nicht ganz so schlecht verdiene. Trotzdem kann ich mir hier keine 75-m²-Eigentumswohnung leisten. Eine Dreizimmerwohnung war schon immer mein Wunsch, wenn ich Eigentum erwerben würde, und zwar mit einem separaten Ankleidezimmer. Ein Traum von fast jeder Frau. Aber das kann und will ich mir allein nicht leisten. Natürlich kam mir der Gedanke, was denn wäre, wenn ich einen Mann kennenlernen würde. Und ich hätte mir, welch Schande, nur eine 60 m² große Wohnung in einem Mehrfamilienhaus gekauft. Wo sollen wir denn dann nur leben? Dummerweise war ich wohl nicht fleißig genug, um mir mitten in der Stadt ein 200 m² großes freistehendes Haus leisten zu können. Oder ich habe einfach nicht richtig in der Schule aufgepasst. Jetzt habe ich den Salat. Warum sollte ich mir aber das Leben schwerer machen als nötig, indem ich

Dinge plane, die noch nicht spruchreif sind? Warum soll ich mich finanziell für eine Sache übernehmen, die vielleicht niemals eintreffen wird? Ich lebe in der Gegenwart, bin Single und plane entsprechend meiner aktuellen Situation mein Leben. Ich mache mir keine Gedanken mehr über das, was passieren und sein könnte.

Und falls es doch anders kommen sollte, gehe ich fest davon aus, dass ich mit meinem potenziellen Partner mit Sicherheit eine gemeinsame Lösung finden werde. Denn dann bin ich nicht mehr solo und die Entscheidung des Wohnortes und der Wohnverhältnisse liegt nicht mehr bei mir allein.

Ein positiver Nebeneffekt meiner Alleinreisen war, dass ich meine gute Freundin Rosa bei der Sportreise in Süditalien kennengelernt habe. Genau! Das war die gleiche Reise, bei der ich auch Romans Bekanntschaft gemacht habe. Rosa und ich wohnen 300 km voneinander entfernt, stehen nichtsdestotrotz seit über neun Jahren noch immer in regelmäßigem Kontakt. Wir telefonieren, besuchen uns gegenseitig und sind schon einige Male zusammen verreist. Dabei sind wir mit den Jahren so zusammengeschweißt, dass wir uns im Urlaub schon fast wie ein altes Ehepaar verhalten. Es ist klar, dass ich als Erste aufstehe, weil ich diejenige bin, die länger im Bad braucht.

Jeder hat so seine Aufgabe. Wer die Reise bucht, wer sich darum kümmert, was wir uns ansehen wollen und wie wir dort hinkommen. Einer hat die Zimmerkarte, der andere den Geldbeutel mit der Gemeinschaftskasse. Für den Abend werden Chips und Sangria oder Wein gekauft, welches gemütlich auf dem Balkon verzehrt wird. Wenn wir einen Ausflug machen, ist das Erste, wenn wir das Ziel erreichen, eine Toilette aufzusuchen. Da sind wir uns immer einig. Wenn wir einen Strandtag einlegen, gönnen wir uns zwischendurch einen Frappé, Eis, Wein oder etwas anderes Leichtes für den kleinen

Hunger zwischendurch. Auch da sind wir uns einig. Wobei wir uns nicht immer einig sind, ist, sich auf ein Reiseziel zu einigen. Da kommt es schon zu Meinungsverschiedenheiten und heftigen Auseinandersetzungen. Wie es sich bei einem »alten Ehepaar« so gehört. Corona hat uns leider einen Strich durch die Rechnung gemacht und wir konnten die letzten zwei Jahre nicht zusammen verreisen. Allerdings traf das ja nicht nur uns, sondern generell alle. Schön wird es sein, wenn wir wieder einen Urlaub gemeinsam verbringen können. Auch wenn die Vorbereitungen dazu hitzig sein können.

Obwohl ich bei meinen Sport- und Gruppenreisen keinen Mann fürs Leben kennengelernt habe, so hat es sich schon wegen der Freundschaft, die sich zwischen Rosa und mir entwickelt hat, gelohnt, sowie wegen der vielen Eindrücke in all den Urlauben. Die abwechslungsreichen Bekanntschaften und das Kennenlernen einer neuen Kultur sowie die Erinnerung an leckere kulinarische Köstlichkeiten kann mir keiner mehr nehmen und möchte ich nicht missen.

Und um nun alle neidisch zu machen, die sich in einer festen Beziehung befinden, möchte ich die Vorzüge des Alleinseins noch etwas näher beleuchten.

Das fängt mit den alltäglichen Dingen an:

Wenn ich meine Wohnung verlasse, finde ich diese in dem gleichen Schmutzgrad und aufgeräumten Zustand wieder, wie ich sie zurückgelassen habe. Kein Ärger darüber, wer irgendwelche Krümel in der Küche hinterlassen hat, den ganzen Flur mit Schmutzabdrücken auf dem Fußboden übersät oder das Waschbecken nach dem Händewaschen hinterlassen hat, als hätte eben die Sintflut stattgefunden. Absolut alles ist so wie zuvor. Ich muss einzig und allein nur den Dreck beseitigen, den ich auch selbst verursacht habe. Ich muss mich dabei nur über mich selbst ärgern und über sonst niemanden.

Ein weiterer Vorteil ist, dass ich mein aktuelles Lieblingslied laut aufdrehen kann und es rauf und runter hören kann. Wenn es sein muss hundertmal am Tag. Dazu wild in der Wohnung herumtanzen und schräg dazu singen kann, ohne dass jemand mich dafür blöd von der Seite anmacht. Ich kann mich austoben, solange und so oft ich das will. Niemand, der nervige Kommentare dazu abgibt. Niemand, der die Augen verdreht und den Kopf schüttelt. Weiß zwar nicht, wie lange das meine Nachbarn noch aushalten. Bis jetzt kam aber der Besen noch nicht von unten. Oder hab` ich es etwa bei der Lautstärke nicht gehört?

Weitere Vorteile:
Ich kann die Zahnpastatube so sehr quetschen, verunstalten, missbrauchen, wie ich das will. Ich habe das große Bett für mich ganz allein und kann mich ungeniert ausbreiten. Niemand, der schnarcht oder laut atmet und meinen Schönheitsschlaf stört. Wenn ich am Wochenende früh aufwache und nicht mehr schlafen kann, brauche ich auf niemanden, der neben mir liegt und fest schläft, Rücksicht zu nehmen. Ich kann mir meinen morgendlichen Kaffee kochen und diesen genüsslich im Bett trinken, währenddessen ich ein Buch lese. Ich kann ganz allein das Fernsehprogramm auswählen. Es gibt absolut keine Fremdbestimmung. Als Single kann ich über meine Zeit frei verfügen und meinen Tagesablauf selbst regeln. Wenn ich mich mit einer Freundin verabrede, brauche ich niemanden zu fragen, ob es ihm in den Kram passt oder ob er etwas anderes mit mir geplant hat. Es sind keine lästigen organisatorischen Absprachen vonnöten.
Ich bin so gut wie niemals krank. Mag daran liegen, dass in meinem Haushalt nur eine Person lebt und die Ansteckungsgefahr gleich null ist.
Was die Mahlzeiten angeht, bestimme ich, was wann gegessen wird. Kein Gruppenzwang. Ich muss nichts essen, weil es

nun Zeit ist und ich eigentlich noch gar keinen Hunger habe. Obwohl!? Na ja, manchmal oder sogar recht häufig esse ich nur aus Appetit. Single zu sein, bedeutet nicht unbedingt gleichzeitig Diät zu halten. Wäre aber irgendwie ziemlich praktisch und der Figur recht zuträglich.

Wenn ich Lebensmittel einkaufen gehe, brauche ich mich nicht abzuschleppen, als hätte ich eine zwölfköpfige Familie zu versorgen. Es passt alles in mein Täschchen rein und in Nullkommanichts bin ich wieder aus dem Supermarkt raus und kann zu Hause meinen Kühlschrank füllen. Und alles, was in meinem Kühlschrank ist, ist MEINS! Wenn ich Appetit auf den Fruchtquark habe, den ich vor ein paar Tagen gekauft habe, steht dieser immer noch an der Stelle im Kühlschrank, wo ich ihn hingestellt habe. Die Würstchen sind auch noch da und ich kann diese ganz allein genüsslich verzehren. Ist das nicht schön! Oh, da muss ich doch tatsächlich an den folgenden Spruch denken: »Alleinessen macht dick.« Blöder Spruch! Gefällt mir nicht. Hat sich bestimmt ein Nicht-Single ausgedacht.

Ich kann so oft und ausdauernd shoppen gehen, wie ich das will. Ich verfüge über mein hart erarbeitetes Geld ganz allein und kann es mit vollen Händen ausgeben, ohne mich rechtfertigen zu müssen, warum ich mir denn jetzt unbedingt drei Kleider kaufen musste und auch noch zwei Paar Schuhe. Kleiderschrank und Schuhregal quillen doch schon über.

Wenn ich allein verreise, bestimme ich ganz allein, wohin es in den Urlaub geht. Niemand, mit dem ich stundenlang diskutieren muss, um am Ende doch in ein Land fahren zu müssen, wohin ich eigentlich nie wollte.

So genieße ich im Alltag meine absolute Freiheit und Unabhängigkeit – frei nach Jane Austens Motto: »Dass uns eine Sache fehlt, sollte uns nicht davon abhalten, alles andere zu genießen.«

5 Herrenumkleide

In meiner Zeit, in der ich als Fitnesstrainerin tätig war, kam Marlene recht regelmäßig in meinen Kurs. Marlene kenne ich, seitdem ich nach Hessen gezogen bin und wir im gleichen Fitnessstudio trainieren. Wir haben uns langsam und allmählich immer näher und besser kennengelernt, und zwar durch Gespräche in der Damenumkleide.

Es ist komisch, aber mit Frauen ins Gespräch zu kommen, fällt mir überhaupt nicht schwer. So habe ich mit der Zeit feststellen können, durch die vielen Gespräche in der Umkleide (vor, während und nach dem Duschen), dass Marlene ein sehr netter und liebenswerter Mensch ist.

Um jemanden näher und intensiver kennenzulernen, braucht es halt Zeit. Zeit, die man häufig gar nicht hat oder Gelegenheiten oder Momente, die sich einfach außerhalb der Umkleidekabine nicht ergeben, um mit jemanden, mit einem Mann, ins Gespräch zu kommen. Nun gehöre ich auch nicht zu den Frauen, die sich vor und nach dem Kurs noch ewig im Fitnessstudio rumdrücken, um Gelegenheiten zu suchen, um einem Mann ein Gespräch aufzuzwingen. In Gegenwart von Männern bin ich zudem nicht immer locker und ein Gespräch anzufangen, fällt mir nicht so leicht wie mit Frauen. Obwohl … natürlich ist es auch vom Mann abhängig. Wenn es ein Mann ist, der meinem Typ entspricht, fällt mir der Small Talk komischerweise schwerer. Aber ich sollte schon versuchen, mit Männern ins Gespräch zu kommen, die ich generell interessant finde. Schließlich geht es ja auch darum, dass ich irgendwann mein Single-Leben aufgeben kann. Und dann habe ich Stoff für das nächste Buch, wie «Die Realität danach – nach der Eheschließung» oder »Was das kleine Wesen namens Kind aus uns Paaren macht«.

Als unkommunikativ würde ich mich nun nicht bezeichnen. Denn vor den Kursen ergeben sich eigentlich immer nette Gespräche mit den Mädels. Da haben wir es wieder. Finde den Fehler. Genau, mit den Mädels. Am Kurs nehmen überwiegend Frauen teil. Die Männer wollen ihre Muskeln lieber auf der Etage tiefer, auf der Trainingsfläche, in Form bringen. Wie soll ich denn da locker ein Gespräch mit einem netten Mann anfangen, der mir gefällt, wenn sich dieser überall im Studio aufhält, nur nicht dort, wo ich bin?

Dann musste ich an Marlene denken. Und es kam mir eine Idee! Wie wäre es denn, wenn ich mich zukünftig in der Herrenumkleide umziehe? Das wäre doch DIE Gelegenheit, mit den Männern ins Gespräch zu kommen und sie nach und nach besser kennenzulernen. So finde ich heraus, wer ebenfalls alleinstehend ist, wen ich sympathisch finde und wo die Chemie stimmt. Es könnte ja sogar sein, dass mir einer gefällt, weil er so freundlich, zuvorkommend und witzig ist, der mir aber nie durch sein Aussehen aufgefallen und mit dem ich sonst sicherlich nicht ins Gespräch gekommen wäre.

Jetzt mag der eine oder andere sagen: »Das geht aber nicht! Du kannst doch nicht in die Herrenumkleide gehen, dich dort umziehen oder sogar duschen!«

Warum? Warum darf ich mich nicht in der Herrenumkleide umziehen und duschen? Weil es nicht erlaubt ist? Wer legt denn solche Regeln fest? Kann man die Regeln denn für einen armen Dauersingle wie mich nicht einmal etwas lockern und zwei Augen zudrücken? Nein? Sehr schade! Denn sonst hätte ich ganz bestimmt … höchstwahrscheinlich … vielleicht schon meinen Mr. Right kennengelernt! In der Herrenumkleide!

6 Corona

Als ich in den Zwanzigern war, habe ich Corona mit einem alkoholischen Biergetränk und Feierngehen verbunden. Das Bier mit einem Schnitz von einer Limette in der Flaschenöffnung. Nach dem ersten Schluck hat man üblicherweise die Limette mit aller Gewalt durch die Öffnung in die Flasche gedrückt. Das war Kult und lecker. Mir hat es jedenfalls geschmeckt.

Die Zeiten haben sich leider geändert. Und wenn jemand »Corona« hört, denkt er nicht mehr an das leckere Feiergetränk, sondern an dieses klitzekleine böse Lebewesen – an das Corona-Virus. Das Virus hat sich weltweit ausgebreitet und hat sich von einer Epidemie in China zu einer Pandemie entwickelt. »Aber was hat das denn jetzt mit Dauersingles zu tun?«, magst du fragen. Dieses Corona-Virus.

Wir Singles leben tagaus, tagein allein. Sind allein in unserer Wohnung, wachen allein auf, machen uns allein den Kaffee, gucken allein Fernsehen, gehen allein einkaufen, gehen allein spazieren, fahren allein Fahrrad, machen uns allein Essen. Hört sich vielleicht etwas dramatisch an. Aber so ist es halt manchmal bei dem einen oder anderen. Hoffentlich aber nicht immer.

Es ist schön, zu wissen, dass durch die alltäglichen Einschränkungen, die Menschen, die sich ständig im Alltag nur abhetzen, plötzlich zur Ruhe kommen und auch mal an die Singles denken.

»Hast du schon Langeweile oder was machst du?«, wurde ich aus sicherer Entfernung per WhatsApp gefragt. Mhhhh!? Nun bin ich bekannterweise nicht seit gestern Single und die überwiegende Zeit meines Lebens verbringe ich allein. Aber seit Corona scheint es lobenswerterweise in unserer Gesellschaft präsenter zu sein, dass es tatsächlich Menschen gibt, die ganz allein leben. Die »anderen« Menschen haben offensichtlich mehr Zeit zum Nachdenken. Aber warum fällt es erst bei einer Pandemie auf, dass wir Singles allein sind? Das Wort »Single« spricht doch eigentlich für sich. Kommt aus dem Englischen und bedeutet »einzeln«, also allein. Und das beschränkt sich nicht nur auf die Covid-19-Pandemie. Ich finde es immer gut, wenn sich jemand für die Situation und Lebensumstände des anderen ernsthaft interessiert.

Unabhängig davon, ob man alleinstehend ist oder nicht. Macht das nicht generell auch eine gute Gesellschaft aus? Dass man Interesse füreinander zeigt und auch für den anderen da ist. Vor allem, wenn es gerade nicht so gut läuft. Das erwartet man und erwarte ich nicht von wildfremden Menschen. Aber es ist beruhigend zu wissen, wenn es nahestehende Menschen gibt, die für einen und auch für mich da sind. Es fühlt sich doch gut an, sich ab und an einfach in etwas Selbstlosigkeit zu üben. Dann sollte ich mit gutem Beispiel vorangehen und meinen Freundinnen meine Hilfe anbieten.

Im Laufe der Covid-19-Pandemie hat sich der Gesetzgeber, zu unserem Wohle, überlegt, dass es besser wäre, wenn wir unsere hübschen Gesichter hinter Masken verstecken. Tja, als Single ist es ja eh nicht einfach, einen Partner im wahren Leben kennenzulernen. Das ist jedenfalls meine Erfahrung. Dann ist es besonders hilfreich, wenn zwei Drittel des Gesichts deines Gegenübers auch noch bedeckt ist. Macht uns das Kennenlernen als Alleinstehende nicht unbedingt einfacher, aber bestimmt spannender. Was steckt hinter dieser Maske? Der Fantasie sind da keine Grenzen gesetzt. Mann und Frau verwickeln sich in ein Gespräch, finden sich sympathisch und nach Ablegen der Maske kommt vielleicht die ein oder andere Überraschung zutage. Hoffentlich nur eine positive, und wenn nicht, sollte es doch keine Rolle spielen. Denn letztendlich zählen doch nur die inneren Werte …

7 Was das Singledasein aus mir gemacht hat ODER Als Single seine Frau stehen

Welchen Unterschied gibt es zwischen einer Single-Frau und einer Frau, die schon viele Jahre in einer Beziehung ist? Als Single-Frau muss ich tagein, tagaus meine Frau stehen. Kleine Alltagsüberraschungen, wie zum Beispiel, dass das Essen schon fertig ist, wenn ich nach Hause komme, die Wäsche bereits aufgehängt ist, die Wohnung eben gerade noch durchgesaugt wurde oder das Paket schon zur Retoure zur Post gebracht wurde, gibt es bei mir nicht. Als Vergebene/r sagst du: »Schön wäre es, wenn ich auch mal so eine Alltagsüberraschung erleben würde!« Aber bestimmt erledigt dein/e Partner*in so manches und du dafür etwas anderes. Im Idealfall hat jeder seine Aufgaben. Der Mann kümmert sich um den Fuhrpark, die Frau putzt die Toilette. Ist jetzt vielleicht klischeehaft, aber so ist es doch teilweise immer noch. Was ja nicht verkehrt sein muss, sofern jeder damit zufrieden ist.

Bei einem Single erledigt sich aber eben nichts von allein. Um alles muss sich selbst gekümmert werden. Nichts wird einem abgenommen. Zumindest ist es bei mir so. Und das, wie schon im Vorwort erwähnt, über einen langen Zeitraum hinweg. So wurde ich und bin ich eine Einzelkämpferin. Da ich jeden Tag allein meine Frau stehen muss, bleibt mir gar nichts anderes übrig als über mich hinauszuwachsen, meinen inneren Schweinehund zu überwinden, über meine Komfortzone hinaus zu agieren. Und ich kann gar nichts daran ändern, denn ich werde dadurch zwangsweise immer stärker und werde zur Kämpferin. Nach der Devise: »Was mich nicht tötet, macht mich nur härter.« Das hört sich »stark« an? Aber auch ich bin nur ein Mensch und habe viele Momente, in denen ich mir wünsche, auch zu den Dauerbeziehungsmenschen zu gehören. Denn die Kämpferin möchte mal nicht kämpfen müssen und schwach sein dürfen. Ich hätte auch lieber jemanden an meiner Seite, der mich einen Teil, einen Bruchteil oder doch ein bisschen mehr, unterstützt. Ein Ritter in der Rüstung und ich die Prinzessin auf dem Schimmel. Oder wie war das noch?

Zurück zum Alltag: Ich finde es immer interessant, konkreter zu werden und meine Thesen mit Beispielen zu untermauern.

Wenn ich früher alleine shoppen war und das Bedürfnis nach einem Kaffee und etwas Leckerem zu essen verspürt habe, fand ich es ziemlich peinlich, mich ohne Begleitung in ein Café zu setzen. Inzwischen ist es für mich die leichteste Übung. Ich habe mir immer Gedanken darüber gemacht, was die Leute wohl über mich denken mögen. »Mensch, die Arme! Hat die denn keine Freunde und auch keine Familie? Warum setzt die sich denn alleine in ein Café? Hat die nichts Besseres zu tun? Wartet niemand zu Hause auf sie?« Überraschenderweise musste ich feststellen, dass die Leute sich offensichtlich gar nichts dabei denken. Sie scheinen mich nicht einmal zu registrieren. In den letzten Jahren ist mir zudem aufgefallen, da ich bewusst darauf geachtet habe, dass es recht viele Menschen gibt, die sich allein in ein Café setzen und sich etwas Schönes gönnen. Und ich behaupte, dass nicht jeder davon Single ist. Ich glaube, dass der eine oder andere einfach mal froh über die Ruhe ist in dieser schnelllebigen Zeit. Und sich freut, alleine und bewusst einen Kaffee trinken zu gehen und die Atmosphäre zu genießen. Wenn du das nächste Mal unterwegs bist und einen kleinen Durst oder Hunger verspürst, probiere es doch einfach mal aus. Tue etwas ganz Verrücktes und setze dich allein in ein Café. Schaue dich um und sieh`, dass du nicht wirklich alleine bist.

Alleine zu verreisen, können sich viele, die vergeben sind, nicht vorstellen. Obwohl ich das Gefühl habe, dass es im Kommen ist. Es gibt junge Frauen, die ganz allein wochenlang auf Reisen sind und sich die Welt anschauen. Das ist nicht ganz so mein Ding. Grundsätzlich finde ich es schöner, zu zweit zu verreisen. Trotzdem verreise ich alleine, denn in meinem Urlaub nur zu Hause zu hocken, ist für mich keine Option. Auch wenn es für mich bedeutet, mich alleine in den Flieger, in den Zug oder ins Auto zu setzen. Das ist für mich das kleinere Übel. Schließlich möchte ich das Gefühl haben, dass ich mein Leben lebe und genieße, auch wenn ich Dauersingle bin. Ich möchte nicht mehr, dass die kostbare Zeit einfach nur so an mir vorbeizieht.

Wenn ich länger als fünf Nächte verreise, länger finde ich es ziemlich anstrengend, ohne Begleitung unterwegs zu sein, buche ich bevorzugt eine Gruppen- oder Sportreise.

Es ist beruhigend zu wissen, dass ich nicht absolut allein sein werde. Auch wenn ich die Personen noch nicht kenne, die ich treffen werde. Aber das ist auch das Interessante daran. Neue Menschen kennenzulernen. Das wird nie langweilig. Ich bin in Gesellschaft und kann mich mit Menschen unterhalten und etwas unternehmen. Teilweise haben sich daraus sogar Freundschaften entwickelt. Es sind Freundschaften mit Frauen. Denn, wie schon erwähnt, habe ich auf meinen Reisen noch nicht meinen Mr. Right gefunden. Die Kehrseite der Medaille ist bei diesen Reisen allerdings, dass man sich immer wieder auf neue Menschen einstellen muss und jedem erzählt man seinen Lebenslauf von Neuem. Manchmal habe ich das Gefühl, dass ich mich in einem Bewerbungsgespräch befinde. Das kann auf Dauer auch lästig werden. Das Perfekte gibt es eben nicht. Aber schön ist es auf jeden Fall, weltoffene Menschen zu begegnen, die alle ihre eigene Geschichte zu erzählen haben.

Was ist mein Resümee, was meine Alleinreisen angeht? Sie haben definitiv meinen Horizont erweitert. Mein Organisationstalent wurde weiter ausgeprägt und meine Orientierung verbessert. Zumindest bin ich immer an mein Ziel angekommen, früher oder später …

Da ich seit vielen Jahren Single bin, kommt es mir so vor, dass das Alleinsein für mich inzwischen essenziell geworden ist. Wenn sich jemand mit mir am Sonntagabend verabreden möchte, denke ich nur: »Oh, nein!« Ich möchte viel lieber auf meinem Sofa sitzen, etwas Leckeres essen, meine Beine hochlegen, Musik hören, Fernsehgucken, lesen oder was auch immer. Einfach die restlichen Stunden meines kostbaren Wochenendes genießen und entspannen. Obwohl ich nichts dagegen hätte, meinen Sonntagabend mit einem netten Mann, meinem Partner, zu verbringen. Zu zweit ist es mit Sicherheit noch ein schönerer Ausklang vom Wochenende. Aber eigentlich erschreckend, dass ich es inzwischen eher bevorzuge, Sonntagabende allein zu verbringen als mit einer Bekannten. Wie ich mich an das Alleinsein »gewöhnt« habe? Daran »gewöhnt«, finde ich in dem Zusammenhang allerdings eine unpassende Formulierung. Niemand gewöhnt sich ans Alleinsein.

Aber ja, wenn man erst einmal damit zurechtkommt und sich darauf einlässt, einlassen muss, kann man seine Zeit auch solo sinnvoll nutzen. Obwohl ich mich über Gesellschaft an einem Freitag- oder Samstagabend natürlich immer sehr freue.

Und dann bin ich schon zufrieden, wenn ich nur an einem Tag am Wochenende ein »Event« habe. »Event« heißt für mich, echte Menschen zum Anfassen zu treffen. Sei es mit meinen beiden Freundinnen einen schönen Ausflug zu unternehmen, mit einer Bekannten Kaffee trinken zu gehen, mit meiner Nachbarin spazieren zu gehen und über Gott und die Welt zu quatschen. Blöd sind die Wochenenden, an denen ich kein »Event« habe. Leider kommen sie aber immer wieder vor. Manches Wochenende verlebe ich allein sehr gut. Aber an einem anderen Wochenende bin ich traurig, unzufrieden, fühle mich einsam und nicht wertvoll. Großen Einfluss auf meine Stimmung hat auch das Wetter. Wenn es trüb ist und dazu noch regnet, hilft das leider nicht, mich auf positive Gedanken zu bringen. Manchmal wäre es eventuell hilfreich, das Denken einzustellen. Früher hat mich die Traurigkeit schon heimgesucht, wenn ich nur eine Verabredung am Wochenende hatte. Aber das hat sich mittlerweile glücklicherweise geändert. Ein Fortschritt meinerseits, denke ich. Mag auch daran liegen, dass ich inzwischen älter bin und daher ruhiger geworden bin, was meine Umtriebigkeit angeht. In netter Gesellschaft meine Zeit zu verbringen, finde ich nach wie vor sehr angenehm, bereichernd und wichtig. Dies ist unabhängig von der Dauer der Verabredung. Manchmal reicht schon eine intensive Unterhaltung von einer Stunde von Angesicht zu Angesicht und man hinterlässt damit eine zufriedene Jennifer. Ideal wäre natürlich, wenn es sich dabei ab und zu um die Gesellschaft eines angenehmen Mannes handeln würde ... Das würde mich nicht nur zufrieden, sondern vielleicht auch glücklich machen.

Bezüglich des Punktes, was das Singledasein aus mir gemacht hat, möchte ich von einer Begebenheit erzählen, die sich zugetragen hat, als ich allein an einem Samstag shoppen war:

An einem sonnigen Novembertag, zu Zeiten des zweiten Corona-Lockdowns, bin ich mit der S-Bahn, trotz lästiger Maskenpflicht in der Innenstadt, nach Frankfurt am Main zum Shoppen gefahren. »Den Einzelhandel muss ich unterstützen«, dachte ich mir.

Tatsächlich bin ich fündig geworden und habe mir eine stylische Sonnenbrille gekauft, welche um 50% reduziert war. Ich hatte ein tolles Schnäppchen gemacht. Der Tag war gerettet. Nachdem ich noch ein paar Kleinigkeiten erstanden hatte, habe ich mich dazu entschlossen, mich auf den Römerplatz auf einen der Steinwürfel vor dem Brunnen zu setzen, um die herrliche

Sonne zu genießen. Vertieft darin, meine Errungenschaften zu begutachten, wurde ich nicht von der Seite, sondern direkt von vorne angequatscht. Ein junger Obdachloser bot mir an, einen meiner wundervollen Einkäufe abzukaufen. Leider verstand ich ihn teilweise nicht besonders gut. Er schien leicht angetrunken zu sein. Irgendwann hat er nach meiner Nummer gefragt. Oder ob er Pech hätte und ich vergeben wäre, fragte er mich. Ich log, dass er leider Pech hätte und ich einen Freund habe. Was sollte ich tun? Manchmal muss man leider doch eine Notlüge benutzen. Ich denke, dass er grundsätzlich ein gutes Herz hat. Er würde nichts kaputt machen, hat er gesagt. Wie er es gesagt hat und mit welchen Worten, hat mir gezeigt, dass er in seinem Leben schon einiges durchgemacht haben muss. Würde man ihn zurechtmachen, denn Kleider machen bekanntlich Leute, würde er gar nicht übel aussehen.

Wenn man es aber sachlich betrachtet, wurde ich nun von einem Obdachlosen angebaggert. Ich kam ins Grübeln. Ist es nach meinem langen Singledasein denn schon so weit, dass sich für mich sonst keine anderen Männer interessieren und mich ansprechen als ein Obdachloser? Mir fällt es schwer, das zu bewerten, da ich diesem jungen Mann nicht unrecht tun will. Genauso unsicher bin ich mir, wie ich das für mich zu sehen habe. Am Ende unseres Gespräches meinte er zu mir, dass er nur Ladies anspricht. Und dass ich so bleiben soll, wie ich bin. Das waren sehr nette Schlussworte von ihm. Letztendlich denke ich, dass ich dieses Erlebnis als eine positive Begegnung verbuchen kann.

Eine weitere Gegebenheit zeigt, was das Alleinsein offensichtlich aus mir gemacht hat:

Vor einiger Zeit habe ich mich wieder mit einem meiner vertrauten Kollegen über mein Singledasein unterhalten und dass es mir damit gerade nicht gut geht. Man muss dazu sagen, dass er seit mindestens 15 Jahren mit seiner Frau liiert ist und sie zusammen drei gemeinsame Kinder haben.

Nach seinen Erzählungen war er so gut wie immer in einer Beziehung. Während des Gesprächs kam aber heraus, dass er es mit dem Single-Leben doch mal eine Zeitlang versucht hat. Blöd ist es aber geworden, wenn keiner seiner Kumpels Zeit hatte. »Da wird man ja bräsig im Kopf«. Das waren seine Worte. Ach was! Das erklärt, warum ich matsche im Hirn bin. Nach so vielen Jahren des Alleinseins kann ich schon gar nicht mehr normal sein, weil man ja, wenn man keinen Partner an seiner Seite hat, bräsig im Kopf wird. Irgendwie will ich es nicht wahrhaben, aber er hat verdammt noch mal recht. Kein Mensch ist dafür geboren, allein zu sein. Manche sind zwar Einzelgänger und für diese Personen und deren Umwelt ist es auch besser, wenn diese solo bleiben. Aber grundsätzlich gehöre ich ja zu den Menschen, die gerne in Gesellschaft und kommunikativ sind. Deswegen empfinde ich mein Singleleben eher als lästig. Und wie werde ich jetzt meine Bräsigkeit aus meinem Kopf los? Ich schreibe einfach darüber und lasse alle an meinen hirnrissigen Gedanken teilhaben.

Auch wenn ich meine Frau gerne selbständig stehen möchte, gibt es doch immer wieder Situationen, bei denen ich auf die Hilfe fremder Menschen angewiesen bin. Das liegt eben daran, dass ich keinen Partner habe. Und leider auch keine Freundin, die eben um die Ecke wohnt und nur darauf wartet, mir zur Hand zu gehen. Dies führt mir immer wieder vor Augen, dass ich als Single manchmal einfach hilflos bin. Hinzu kommt, dass ich zu dem Typ Mensch gehöre, der andere nicht gerne um Hilfe bittet. Obwohl ich, was das angeht, an mir arbeite. Denn es macht das Leben in der Tat leichter, wenn man Hilfe annehmen kann.

Hierzu möchte ich von einem Vorfall aus meinem Alltag erzählen, der für mich ziemlich unschön war. Es nahm aber zum Glück ein gutes Ende.

Nach fünf Jahren in Hessen war es an der Zeit, meinen Job zu wechseln. Es war gerade meine zweite Woche bei meinem neuen Arbeitgeber, dass zum internen Weihnachtsmarkt mit richtigen Buden geladen war. Natürlich konnte ich mir das nicht entgehen lassen. Denn es ist nie verkehrt, die neuen Kollegen und neuen Vorgesetzten näher kennenzulernen.

Dummerweise kam die Überraschung erst danach, als ich im Parkhaus mein Auto starten wollte. Wie Sie hören, hören Sie nichts. Mein Auto hat keinerlei Geräusch beim Umdrehen der Zündung von sich gegeben. Eine wunderbare Situation, da ich bei meiner neuen Arbeitsstelle noch nicht wirklich viele kannte und um Hilfe hätte bitten können beziehungsweise kam ich nicht mal auf die Idee. So habe ich aus lauter Verzweiflung erst einmal meine Autowerkstatt angerufen. Der nette Meister meinte nur, dass er erst in zwei Wochen einen Termin frei hätte und ich sollte doch den Automobilclub anrufen. Die würden mir schon helfen. Der hat wohl noch nie etwas davon gehört, dass nicht jeder Autofahrer diesem Verein angehört. Dann kam mir ein Lichtblitz und ich rief meine Kfz-Versicherung an, die auch einen Abschleppdienst anbietet. Der kam dann, nachdem ich über zwei Stunden in meinem Auto in der Kälte gesessen hatte und gab mir Starthilfe. Froh, zu Hause angekommen zu sein, habe ich nächsten Morgen die Autowerkstatt in nächster Nähe kontaktiert, die auch noch als Erstes geöffnet hat. Es zählte nämlich jede Minute. Schließlich musste ich zur Arbeit, zu meiner neuen Arbeitsstelle. Ob sie mir Starthilfe geben könnten, hatte ich gefragt, da mein Auto zwar jetzt neben meinem Wohnhaus stand und dort auch gut stand, aber ich es doch in die Autowerkstatt bringen musste und es leider wieder nicht ansprang. Nein, ich müsste schon das Auto in die Werkstatt bringen. Vielen Dank fürs Gespräch! Wen soll ich denn fragen, wenn ich keinen Freund habe, der mir in solch einer Situation helfen könnte oder eben eine Freundin, die um die Ecke wohnt und für meine Befindlichkeiten Zeit hat? So stand ich da mit meinem Glück. In meinem Kopf ratterte es. Ich musste doch zur Arbeit und Homeoffice war vor Corona noch nicht angesagt. Also habe ich meinen ganzen Mut zusammengenommen und kurz vor acht Uhr bei meinem Nachbarn unten geklingelt. Ob er mir Starthilfe geben könnte? Er hätte ein Starthilfekabel in der Garage, aber seine Frau ist mit dem Auto weg. Tolle Wurst! Das wäre ja auch zu einfach gewesen. Nun ist er mit mir raus und hat sich die Misere zusammen mit mir angesehen. In dem kam der Nachbar aus dem Haus nebenan heraus. Es war der Nachbar, den ich nie leiden konnte, und seine Frau auch nicht. Wie es der Zufall wollte, hatte er sein Auto direkt neben meinem geparkt gehabt. Ich fragte ihn lapidar, ob er mir Starthilfe geben könnte. Er öffnete seinen Kofferraum und man mag es kaum glauben, darin lag tatsächlich ein Starthilfekabel. Er öffnete seine Haube und brachte meinen Kleinwagen wieder zum Surren. Ich war so happy und dankbar. Und es tut mir unendlich leid, dass ihn nicht mochte. Vielleicht habe ich ihm damit Unrecht getan. Inzwischen sind er und seine Frau weggezogen, aber für seine nette Geste bin ich ihm heute immer noch dankbar. Er hat einer Singlefrau in einer brenzligen Alltagssituation geholfen. Das verdient Anerkennung.

Was ist mein Fazit? Nun, es tat mir nicht weh, andere um Hilfe zu bitten. Auch wenn ich es lieber allein gemeistert hätte. Und ja, es gibt sie noch, hilfsbereite Menschen.

Wie geht das vonstatten, wenn Menschen große Anschaffungen machen wollen? Sie tun das in der Regel nicht allein. Benötigen jemanden an ihrer Seite, um sich beraten zu lassen und um letztendlich die Entscheidung zu treffen. Soll ich kaufen oder nicht. Da ich es gewohnt bin, jede Entscheidung allein treffen zu müssen und ich mich inzwischen so gut kenne, dass ich weiß, was für mich gut ist, benötige ich für große Entscheidungen nur eine Person, und zwar mich allein. Klingt eventuell arrogant, ist es aber nicht.

Die Covid-19-Pandemie war in vollem Gange und es kam der erste Lockdown. Jeder war verunsichert und so auch ich. Nach dem ersten folgte der zweite Lockdown. Das konnte nicht gut für die Wirtschaft sein, so dachte ich, und hatte Angst um mein Erspartes, was ich jahrelang hart erarbeitet hatte. Mein Kleinwagen ärgerte mich. Das Modell, welches ich vorher fuhr, war mir dagegen ein guter Wegbegleiter. Ich hatte zudem keine Lust mehr auf einen Kleinwagen, den Opas und Omas fuhren, und mit seinen 99 PS kam ich auch nur schwerlich die Kasseler Berge hoch, wenn ich zu Besuch zu meinen Eltern fuhr. Ich fragte meinen Autowerkstattmeister, was er mir denn für einen kleinen, sparsamen und vor allem schnellen Wagen empfehlen könnte. Er hatte eine Idee. Allerdings war ich bisher kein Fan dieser Automarke. Trotzdem habe ich mich damit beschäftigt und der Sportwagen hat mich überzeugt. Er ist nicht zu groß, sodass ich trotz der schlechten Parksituation an meinem Wohnort, meist einen Parkplatz um die Ecke finde. Der Benzinverbrauch ist nicht höher als bei meinem alten Kleinwagen, obwohl mein Flitzer die doppelte Anzahl PS hat. Das waren zwei Punkte, die mein neues Auto auf jeden Fall erfüllen sollte und es auch tut. Kompakt und sparsam.

Es bereitet mir jedes Mal erneut Freude, wenn ich in mein Auto steige und damit fahren darf. Ich empfinde es als Luxus. Auf jeden Fall im Vergleich zu meinen vorherigen Autos. Bei mir in der Gegend schien der Wagen meiner Wahl sehr schnell vergriffen zu sein. Sowieso hatte ich das Gefühl, dass die Leute gerade Autos wie heiße Semmeln kauften. Ich besuchte meine Eltern und war genervt, immer noch keinen passenden Wagen bei einem Autohändler gefunden zu haben, welcher meinen Vorstellungen entsprach und bei dem das Preis-/Leistungsverhältnis passte. Abends auf dem Sofa recherchierte auch mein Vater. Im Osten Deutschlands hatte er einen gefunden. Von meinen Eltern zwei Autostunden entfernt und zu mir waren es zweieinhalb Autostunden. Eine Entfernung, die sich lohnen sollte, zu fahren. Also entschloss ich am Abreisetag von meinen Eltern, einen kleinen Abstecher nach Thüringen zu machen. Dort angekommen, ließ ich mir das Auto ausführlich erklären und machte eine Probefahrt. Ich hatte Respekt vor den 200 PS. Zudem hatte der sportliche Flitzer eine Automatikschaltung. Bisher bin ich privat nur Schaltautos gefahren. Automatik war mir zwar nicht ganz unbekannt, aber nach maximal einer Handvoll Fahrten mit einem Automatikauto, kann ich nicht von Routine sprechen. Mir war klar, dass ich jetzt und hier meine Entscheidung treffen musste. Kaufen oder nicht. Nach drei Stunden Erklärungen und Überlegungen war ich fertig mit den Nerven und meine Entscheidung wurde mir immer klarer. Ich wollte das Auto haben. Jetzt blieb nur noch die Entscheidung offen, was mit meinem alten Kleinwagen passieren sollte. Ich wollte mir die Mühe sparen, es privat zu verkaufen. Den Aufwand und die Energie dafür wollte und konnte ich nicht aufbringen. Denn ich hätte das wieder allein managen müssen. Ich brauchte fünf Minuten Bedenkzeit, denn der Preis, den er mir bot, war einfach nur lächerlich. Der nette Verkäufer verstand sein Handwerk. Ich entschied mich für den kleinen Sportwagen. Ob ich meinen alten in Zahlung geben wollte, musste ich, zum Glück, nicht sofort entscheiden. Vielleicht ergab sich privat doch noch ein besseres Geschäft. Während mir der Verkäufer enthusiastisch den schnellen Flitzer erklärte, fragte er mich, ob ich denn noch jemanden kontaktieren müsste, zwecks Absprache.

Ich meinte: »Nein. Es ist mein verdientes Geld und darüber bestimme ich ganz allein.« Er verstand das sehr gut. So sagte er es zumindest. Denn er hatte wohl schon die eine oder andere

Käuferin, die zwar von ihrem Partner begleitet wurde, aber bei der Entscheidung das letzte Wort hatte. Denn es war ihr Geld, was sie ausgeben würde. Genauso würde ich es auch handhaben, wenn ich einen Partner an meiner Seite hätte. Ich würde ihn zum Autohaus mitschleppen und würde ihn um seine Meinung fragen. Aber die letztendliche Entscheidung würde ich treffen.

Und nun folgt noch ein weiteres Beispiel aus meinem Alltag, weswegen ich das Gefühl habe, als Single meine Frau stehen zu müssen:

Ein ehemaliger Kollege hatte mir mitgeteilt, dass seine Freundin schwanger ist. Grundsätzlich natürlich eine schöne Sache. Allerdings gab er dazu einen Kommentar ab, bei dem er sich sicherlich nichts gedacht hatte. Seine Äußerung hat mich allerdings traurig und zugleich wütend gemacht. Nicht wegen ihm. Sondern an sich wegen unserer beider unterschiedlichen Ausgangslage.

Vorab ein paar Hintergrundinformationen: Die Situation war bei uns auf der Arbeit gerade sehr angespannt. Wir standen unter großem Zeitdruck und ein hohes Arbeitsaufkommen war zu bewältigen. Sprich, die Arbeit hat uns allen gestunken. Am besten soll heute noch alles fertig werden, obwohl man schon im Vorfeld wissen müsste, vorausgesetzt man kennt sich mit Zeitmanagement aus, dass es einfach nicht zu schaffen gewesen ist. Nun zum Kommentar meines Kollegen, der sinngemäß folgendermaßen formuliert war: »Auch wenn es beruflich gerade nicht besonders läuft, so hat er doch privat sein Glück und einen Lichtblick.« Den Lichtblick der Elternzeit. Sich vier bis acht Wochen eine Auszeit von der geliebten Arbeit zu gönnen. Sich mehr auf sein Privatleben, Kind und Freundin zu fokussieren. Wunderbar! Sei ihm gegönnt. Aber ich fühlte mich mal wieder wie die Dumme. Single, keine Kinder, keine Auszeit.

Privat keinerlei Ersatzbefriedigung. Kein Ausgleich. Nichts, auf das ich mich fokussieren könnte. Seit zehn Jahren Jobs, die alles andere als meine Leidenschaft sind. »Selbst schuld«, mag man da meinen. Will ich auch gar nicht widersprechen. Ich scheine einfach nur neidisch zu sein. Neidisch auf die Zweisamkeit, die mein Kollege hat, das Kind, welches er bekommt und ich mir immer gewünscht habe.

So weit ist es nun schon gekommen, dass ich neidisch auf die Lebenssituation anderer bin. Obwohl Neid nicht die korrekte Bezeichnung ist. Ich finde es gut, wenn sich junge Leute fortpflanzen und Kinder in die Welt gesetzt werden. Ich hätte aber auch gerne eine Auszeit, Abwechslung. Vielleicht sollte ich ein Sabbatical-Jahr beantragen? Andere nehmen Elternzeit und ich leiste mir eine andere Art Auszeit. Wie ich mir das allerdings finanzieren soll, weiß ich nicht. Vielleicht habe ich noch eine Eingebung und mir fällt eine Marktlücke ein, mit der ich den großen Reibach machen kann. Oder ich muss meine Ansprüche für eine gewisse Zeit zurückschrauben. Ersteres gefällt mir aber schon besser.

Zum Schluss möchte ich noch von einer kleinen Begebenheit erzählen:

Ich traf mich mit meiner ehemaligen Kollegin Maja. Sie war eine meiner Schnittstellen bei meiner damaligen Arbeitsstelle. Wir haben uns gut verstanden. Und so kam es, dass wir uns auch privat verabredet haben. Den Kontakt konnten wir nach dem Wechsel meines Arbeitgebers gut halten. Da wir nicht weit voneinander wohnen, ist das recht unkompliziert. Sie gehört erfrischenderweise zu den wenigen Bekannten/Freundinnen, mit denen tatsächlich ab und zu ein spontanes Treffen möglich ist. Wir hatten uns verabredet und sind in die Stadt zum Italiener gefahren. Auf dem Weg dorthin unterhielten wir uns auch über ihren Mann Colin. Wir hatten uns schon das eine oder andere Mal zu dritt getroffen. Von daher wusste ich, dass Colin mit seinen vergangenen Jobs auch nicht besonders glücklich war und sich gerade einen Traum erfüllte, und zwar machte er seinen Jagdschein. Er war zum Praxistraining auf ein länger dauerndes Seminar. Obwohl der Jagdschein sein inniger Wunsch war, war Colin betrübt und niedergeschlagen. Das Schießtraining klappte nicht wie vorgestellt und der Seminarleiter und seine Frau waren alles andere als charmant. Zwischendurch durften die Seminarteilnehmer gnädigerweise für zwei Tage nach Hause. Maja meinte, dass die Zeit mit der Familie gut und wichtig für Colin war. So konnte er etwas Abstand gewinnen und Energie tanken. Interessant! Auch ich hatte oft Momente, in denen ich mir gewünscht hätte, dass mich jemand Vertrautes aufbaut und ich so Energie aufladen könnte. Wer steht mir bei und hilft mir, vergleichbare Situationen zu überstehen, wie Colin sie bei dem Seminar erleben musste? In der Vergangenheit und auch aktuell habe ich leider niemand Vergleichbares wie Maja in meinem Leben. Woher habe ich dann die Energie genommen? Wenn man muss, kann man so viel auch alleine schaffen und wächst dabei an seinen Aufgaben und Herausforderungen.

Irgendwie habe ich es immer geschafft, mich in schwierigen Lebenslagen allein durchzukämpfen. Und woher nehme ich heute die Energie dafür, nach 16 Jahren des Alleinseins? Mich immer wieder selbst zu motivieren und durchs Leben zu kämpfen, hat Spuren hinterlassen. Meine Energie ist mit den Jahren geschwunden. Damit ich beschwerliche Lebensumstände besser bewältigen kann, habe ich mich schließlich dazu entschlossen, professionelle Hilfe in Anspruch zu nehmen. Nicht jeder ist in der glücklichen Lage wie Colin und erfreut sich einer intakten Familie und Partnerschaft, die einem den notwendigen Halt gibt. Ich gönne es ihm von Herzen. Bis ich mich in der glücklichen Lage wie Colin befinde, versuche ich weiterhin an meiner inneren Einstellung zu arbeiten und mir damit selbst den bestmöglichen Rückhalt zu geben.

8 Das Warten

Das Dasein eines Singles besteht hauptsächlich aus WARTEN. So empfinde ich es.

Warten auf den Zufall. Den Zufall, durch den ich meinen Mr. Right kennenlerne.

Warten auf den perfekten Augenblick. Den Augenblick, in dem ER auf mich aufmerksam wird und mich voller Bewunderung anspricht. Oder warten auf den Moment, in dem ich auf mich aufmerksam machen und ein Gespräch mit ihm anfangen kann.

Warten darauf, dass er sich bei mir meldet, nachdem wir Handynummern ausgetauscht haben. Warten darauf, dass er mich romantisch ausführt. Um anschließend darauf zu warten, dass er sich wieder meldet und mir antwortet. Denn erst dann könnte es vielleicht etwas werden. Warten, warten, warten … Das Leben besteht mir aus zu viel Warterei. Das verschwendet einfach meine kostbare Zeit und ist meiner Ungeduld nicht zuträglich. Ich HASSE es zu warten.

Was bleibt mir aber anderes übrig, als zu versuchen, mir das Warten in der Zwischenzeit etwas abwechslungsreich zu gestalten. Als Single sollte man nicht in einer Starre verharren und sich nicht ins Nichtstun flüchten. Hat zwar auch Charme, aber ist dauerhaft nicht besonders befriedigend. Das Warten allein auf den Prinzen macht natürlich auch nicht wirklich Sinn. Das ist eher enttäuschend und deprimierend. Deswegen, denke ich, dass es eine viel bessere Alternative ist, aktiv zu sein und während der »Wartezeit« Spaß zu haben. Einfach das zu tun, was man schon immer tun wollte, unabhängig davon, was die Umwelt davon hält oder darüber sagt. Unkonventionell zu sein, wenn es einem damit besser geht. Versuchen, seine Träume zu leben. Wenn nicht jetzt, wann dann? Die Freiheit und Unabhängigkeit zu nutzen, die man als Single hat. Man sollte keine Zeit mehr ungenutzt verstreichen lassen. Dafür rennt die Zeit viel zu schnell.

Mein persönliches Ziel ist es nach wie vor, weiterhin aktiv zu sein. Immer wieder Neues, worauf ich Lust habe, auszuprobieren. Meine Möglichkeiten, die ich habe, zu nutzen. Was könnte ich denn nur alles tun? Es gibt noch so vieles zu erleben, entdecken, auszutesten. Oder vielleicht tue ich das, was ein Single am besten kann? Warten. Ich warte einfach darauf, dass mir mein passender Deckel zufällig begegnet. Ich befürchte allerdings, dass ich eher vom Blitz getroffen werde, als dass das passieren wird. Also scheint WARTEN doch nicht die ideale Lösung zu sein ...?

9 Zufälle – Wo seid ihr?

Sobald sich ein Paar trennt, finden diese recht schnell wieder durch Zufall jemand Neues und schwuppdiwupp sind sie wieder in einer Beziehung. Und sie sind auch noch glücklich dabei. Ich weiß nicht, wie diese Leute das hinbekommen. Und warum bei ihnen offensichtlich sehr häufig der Zufall vorbeischaut. Aber irgendwie klappt es bei denen immer und sie sind so verliebt und glücklich, dass es für Außenstehende beinahe unerträglich ist.

Was läuft bei mir anders oder eher warum? Der Zufall macht sich bei mir sehr rar. Liegt vielleicht daran, dass es ein ER ist? DER Zufall. Und Männliches scheint mir gegenüber nicht so positiv gesinnt zu sein. Wohin muss ich gehen, um IHN, DEN Zufall zu treffen? Gibt es nicht einen Ort, wo man einfach hingehen, hinreisen kann, um ihn, den wunderbaren Zufall, zu treffen? Kann mir jemand verraten, wo dieser Ort ist? Nein? Verdammt!

Ich bin unheimlich neugierig, wo ich diesen ominösen Zufall finden kann. Oder gibt es ihn am Ende doch nicht? Und die anderen erzählen immer nur von ihm, dem Zufall, um abzulenken. Davon abzulenken, dass sie sich die Beinchen abgerannt haben, auf dem Weg hin zum Zufall. Vor Anstrengung kaum noch atmen konnten, ihnen die Lunge fast herausgekommen ist und sie kurz vorm Umfallen waren. Aber der Zufall hat es natürlich wieder gerichtet. Was bin ich für ein armseliger Mensch, dass ich entweder zu wenige Anstrengungen unternehme, um dem Zufall zu begegnen oder er ist einfach ein widerlicher, egoistischer Typ, der mich, aus welchen Gründen auch immer, nicht leiden kann.

Es mag überheblich klingen, aber nach so einer langen Zeit des Alleinseins habe ich es doch endlich auch verdient, einen netten, charmanten Mann kennenzulernen, der es ehrlich mit mir meint. Ein Mann, der mich auf Händen trägt. Oh, da muss er aber stark sein, damit er nicht unter meinem Gewicht zusammenbricht. Hihi, kleiner Scherz am Rande.

Vergebene haben da so interessante Theorien, wo man dem Zufall begegnen soll: Beim Einkaufen im Supermarkt, beim Spazierengehen, beim Essen im Restaurant, um einige Beispiele zu nennen. Also bei mir sind das Aktivitäten, bei denen ich hundertprozentig zufällig nicht von einem Single-Mann angeflirtet werde. Könnte auch daran liegen, dass ich beim wöchentlichen Einkauf eher schlecht gelaunt bin und meinen obligatorischen bösen Blick aufsetze. Beim Spazierengehen mache ich den Hans-guck`-in-die-Luft und im Restaurant bin ich auf meinen Gesprächspartner und delikatem Essen fokussiert. Das sind, denke ich, keine besonders guten Voraussetzungen für eine Zufallsbegegnung.

Dann mache ich in der Zwischenzeit mal das, was ich als Single am besten kann. Ich warte, und zwar auf meinen Mr. Zufall!

10 Wo sind sie geblieben? Die Single-Männer

»Laut der Verbrauchs- und Medienanalyse waren in Deutschland im Jahr 2020 rund 42,4 Prozent der Singles bis 49 Jahre Frauen. Folglich waren rund 57,6 Prozent der Singles in dieser Altersgruppe männlich. Die Geschlechterverteilung der Singles jeglicher Altersklassen war identisch mit der Verteilung in der Gesamtbevölkerung: Rund 49,3 Prozent der Bevölkerung waren Männer und rund 50,7 Prozent der Deutschen waren weiblich. Im Jahr 2020 lebten in Deutschland rund 21,97 Millionen Personen, die Single waren. Der Begriff Single schließt laut der Quelle alle Personen ein, die ledig sind und allein leben.« – So beschrieben in der Statista-Studie »Umfrage in Deutschland zum Geschlecht von Singles und Gesamtbevölkerung 2020«.

Wenn ich das so lese, wundert es mich sehr, dass sich in meinem Umfeld recht wenige Single-Männer befinden. Denn statistisch gesehen, gibt es doch mehr Single-Männer als Single-Frauen. Wo sind sie denn geblieben, die ganzen Single-Männer? Warum kenne ich dann eigentlich mehr Single-Frauen als Single-Männer in meinem Bekannten- und Freundeskreis? Die Wahrscheinlichkeit, einen Mann, der nicht gebunden ist, kennenzulernen, dürfte doch eigentlich gar nicht so gering sein. Und doch scheint es, dass so gut wie jeder vernünftige Mann in meinem Umfeld und meiner Altersklasse vergeben ist. Wo sind denn nun die 57,6 Prozent Single-Männer zu finden? Oder ist die Statistik einfach nur fehlerhaft? Ist da etwa jemandem ein kleiner Rechenfehler unterlaufen, so wie beim Berechnen des Eisengehalts von Spinat? Und plötzlich glauben alle, dass Spinat unheimlich stark macht. Angenommen, die Kommastelle ist bei der Berechnung der Single-Männer in

Deutschland verrutscht. Dann sind am Ende nur 5,76 Prozent der Männer in Deutschland alleinstehend. Was für ein Skandal! Da bleibt mir doch nur eins, um einen Mann zu finden. Ich muss auswandern. Aber wohin nur? Nicht, dass am Ende in den anderen Ländern die Statistik auch gefälscht ist und letztendlich die Welt im wahren Leben eigentlich von Frauen beherrscht wird und gar nicht von Männern, wie bisher angenommen. Nur damit vielleicht der Schein aufrechterhalten bleibt, dass Männer die Welt regieren, genauso wie Spinat viel Eisen enthält ...

Spekulation über Spekulation. Dann nehmen wir lieber mal an, dass die 57,6 Prozent doch kein Rechenfehler sind. Bleibt weiterhin die Frage offen, wo sich denn all diese Männer, die genauso allein durchs Leben gehen wie ich, verstecken?

Kann es sein, dass ich ihnen nicht begegne, weil sie typischen Männerhobbys nachgehen und ich typischen Fraueninteressen? Also einem Mann, der eine Dauerkarte bei der Frankfurter Eintracht hat, werde ich samstags jedenfalls nicht beim Shoppen auf der Zeil kennenlernen. Kreuzen sich deswegen nicht unsere Wege? Oder laufen ich und auch die Männer blind durch die Gegend? Würde es zum Erfolg führen, wenn beide Seiten, Mann wie Frau, aufmerksamer und offensiver durch die Welt gehen würden?

Da es mir nach wie vor ein Rätsel war, nicht zu wissen, wo die Single-Männer zu finden sind, habe ich eine private Umfrage gestartet und Freundinnen, Bekannte und deren Partner befragt, ob sie nicht Kumpels, Brüder, Cousins in ihrem Umfeld kennen, die noch zu haben wären. Nach einiger Zeit des Nachdenkens kam immer ein zögerliches »Ja« und danach ein »Aber«. Also scheint es sie doch zu geben – die Single-Männer. Aber warum das »Aber«? »Ja, aber den kann ich dir nicht anbieten. Nein, der ist nichts für dich.« Es kann doch nicht sein, dass es 57,6 Prozent »freie« Männer gibt und die aber nichts für mich sind. Das kann ich mir beim besten Willen nicht vorstellen. Ich bleibe hartnäckig und stelle die Frage, wo sich nun die tauglichen Single-Männer verstecken und ob jemand eine Ahnung hat, wo sie sich aufhalten könnten? Für einen kleinen Hinweis wäre ich sehr dankbar.

11 Urlaubsplanung – alle Jahre wieder

Ja, ich gebe zu, dass die Urlaubsplanung auch nicht immer einfach ist, wenn man einen Partner an seiner Seite hat. So beobachtet in meinem engsten Freundes- und Bekanntenkreis.

Sie möchte gerne ans Meer ins Warme. Er hasst Hitze und würde lieber in kühlere Gefilde reisen.

Sie mag nicht schon wieder komplett allein die Planung der Rundreise übernehmen. Er hat aber auch keine Lust darauf.

Er hat Flugangst. Aber sie möchte nicht schon wieder Stunden auf der Autobahn im Stau verbringen und sich ein Reiseziel aussuchen müssen, was mit dem eigenen Vehikel gut erreichbar ist.

Sie würde gerne 14 Tage am Stück wandern gehen. Er hat schon nach drei Tagen laufen die Schnauze voll und sehnt sich nach Abwechslung.

Nun gehöre ich zu den Menschen, die unheimlich gerne verreisen und Abwechslung lieben. Als Single stellt sich mir jedes Jahr und vor jeder Reise nicht nur die Frage, wohin ich fahren möchte, sondern auch mit wem. Es ist ja nicht so, dass ich keine Freunde hätte. Aber der überwiegende Teil ist nun einmal in festen Händen. Und bei ihnen stellt sich natürlich nicht die Frage, mit wem sie verreisen. Natürlich mit ihrem Partner. Was ich auch sehr verständlich finde und gut nachvollziehen kann. Und wenn meine Freundinnen auch keinen Partner haben, scheitert es manchmal an den zur Verfügung stehenden Mitteln. Denn Reisen ist ein kostspieliges Hobby. Und für die Rundreisen, welche ich gerne einmal erleben würde, muss man bereit sein, auch mal tiefer in die Tasche zu greifen. Eine würde zum Beispiel in die USA gehen. Das wäre keine der klassischen Rundreisen. Als Erstes würde ich gerne ein paar Tage in Chicago verbringen. Anschließend ginge es weiter in die Südstaaten und ich würde gerne die typischen Alleen und

Villen sehen. Zum Abschluss würde ich gerne nach Florida. Die Sonne und den Strand genießen. Auf den Wegen von Ernest Hemingway wandeln.

Dann kommt noch hinzu, dass man ungefähr die gleiche Vorstellung von Urlaub haben sollte. Was nützt mir jemand, der super gerne in die asiatischen Länder fährt, Backpacking und Camping liebt. Das ist nun gar nichts für mich. In Asien würde ich wahrscheinlich verhungern, beim Schleppen meines Gepäcks wahrscheinlich nach drei Tagen vor Erschöpfung zusammenbrechen und beim Schlafen im Zelt hätte ich das erste Mal die schlimmsten Rückenschmerzen meines Lebens. Wer nennt denn so etwas Urlaub? Als zartes Mädchen habe ich nicht die Lust und Muße, mein Gepäck die ganze Zeit mit mir herumzuschleppen und für vier Wochen nur drei Outfits zum Wechseln zu haben. Wie uncool ist das denn!

Und wie wundervoll ist es doch im Gegensatz dazu, nach einem schönen, erlebnisreichen Tag unter die Dusche zu hüpfen und nach einem leckeren, ausgiebigen Abendessen todmüde in sein kuscheliges Hotelbett zu fallen. Offensichtlich scheine ich, zumindest in dieser Hinsicht, eine kleine Prinzessin in mir versteckt zu haben.

Spätestens Anfang jeden Jahres muss die Jahresurlaubsplanung komplett stehen. Wenn diese mein Chef einfordert, bekomme ich automatisch schlechte Laune. Für einen Single ist dies nämlich eine ziemliche Herausforderung. Wie gesagt, stellt sich mir nicht nur die Frage, wann ich in den Urlaub fahren möchte, sondern auch mit wem. Wo soll die Reise hingehen? Reise ich mit meiner Single-Freundin per Pauschalreise in ein europäisches Land, sofern sie keine anderen Reisepläne hat? Buche ich allein wieder eine Sportreise, eine Busrundreise oder eine andere Gruppenreise? Oder wage ich es, in den Ski-Urlaub zu fahren und buche einen Anfänger-Skikurs? Dort könnte man ja theoretisch beim Après-Ski auch einen netten Single-

Mann kennenlernen. Falls ich mir zuvor nicht alle Knochen gebrochen habe.

Wenn klar ist, dass ich wieder alleine verreisen muss, entscheide ich mich meistens recht schnell, sobald ich erst einmal mit der Urlaubsplanung begonnen habe. Ich schaue mir ein paar Reisen an und entscheide mich aufgrund der folgenden Kriterien: Geht der Flug ab Frankfurt am Main? Ist die Reise abwechslungsreich und werden schöne Aktivitäten angeboten? Also nicht nur Stadtführungen, wenn es sich um eine Busrundreise handelt, sondern ist auch eine Wanderung dabei, eine Besichtigung, eine Kanutour, ein leckeres Essen, was man zusammen in der Gruppe kocht, etwas Freizeit für eigene Erkundungen. Passt für mich das Preis-/ Leistungsverhältnis? Bewegt sich der Einzelzimmerzuschlag in einem moderaten Bereich? Wie lange dauert die Reise? Wenn ich eine Gruppen- oder Sportreise buche, sind zehn bis elf Tage ideal. Danach freue ich mich, wieder nach Hause zu kommen. Wie viele Kilometer werden an den einzelnen Tagen mit dem Bus zurückgelegt? Schließlich möchte ich nicht den ganzen Tag im Bus verbringen und das schöne Wetter verpassen. Findet die Reise in einem Land statt, welches noch nicht touristisch überlaufen ist?

Inzwischen bevorzuge ich Länder und Gegenden, die noch nicht sehr bekannt sind und in denen sich die Touristen nicht gegenseitig auf den Füßen herumtrampeln. Bei einer Tour in eine bekannte Stadt ist das für mich akzeptabel. Denn die eine oder andere Stadt muss man einfach in seinem Leben gesehen haben. Während meines Jahresurlaubs finde ich eine angenehme Fülle von Menschen wichtig, aber eben keine Massen. Zudem ist der Vorteil, dass die Reisen bei noch nicht überrannten Reisezielen günstiger sind. Als Alleinreisende muss ich eben immer noch den Einzelzimmerzuschlag mit einkalkulieren. Nachdem die Reise all meine Kriterien erfüllt, ist die Reise, eins, zwei, drei, auch schon gebucht. Und die Vorfreude kann beginnen.

Auch wenn es für mich grundsätzlich kein Problem darstellt, allein zu reisen, entspricht dies nicht meiner Idealvorstellung vom Reisen. Ich mag mich nicht von meinem Traum trennen, selbst geplante Rundreisen mit einem vertrauten Menschen zu unternehmen, bevorzugt natürlich mit meinem potenziellen Freund. Das steht ganz oben auf meiner Liste. Was für ein Gefühl es wäre, wenn sich das endlich bewahrheiten würde. Ich würde vor Freude einen Luftsprung machen. Juchhu! Juchhu! Juchhu!

Und nun folgen noch ein paar Eindrücke von einigen meiner Alleinreisen:

Damit fing alles an. Meine erste Alleinreise – nach New York City – 2009

Alleinreise nach St. Peter-Ording – 2012

Sportreise nach Nordportugal – 2017

Alleinreise nach Leipzig – 2019

12 Das große Geschäft mit den Singles

Wir leben nun in einem Zeitalter, indem es mehr Singles gibt als je zuvor. Dies ist eine Entwicklung unserer Gesellschaft, die in den letzten Jahrzehnten stattgefunden hat. Geschäftstüchtige Menschen haben sich diese Entwicklung zunutze gemacht und haben Geschäftsideen entwickelt, um die Singles, die eigentlich schon arm dran sind, noch ärmer zu machen und ihnen das Geld aus der Tasche zu ziehen. Eine davon sind, meiner Meinung nach, Partnerbörsen.

Heutzutage ist es gang und gäbe, sich nicht mehr von Angesicht zu Angesicht kennenzulernen. Es wird mittlerweile von einem Single fast schon erwartet, dass er sich bei einer Partnerbörse anmeldet. Und wenn man das bisher nicht getan hat, ist man quasi selbst schuld, noch nicht seine bessere Hälfte gefunden zu haben. Nur sind diese Partnerbörsen ja nicht immer kostenlos. Die Börsen, die offensichtlich etwas taugen sollen, da Elite und ganz toll, kosten auch entsprechend und ziehen dir ein nicht unscheinbares Sümmchen aus der Tasche. Da hält sich der Spaßfaktor schon einmal in Grenzen. Natürlich gehe ich mit gutem Beispiel voran und habe in meinem Leben als Single, wie schon in einem meiner vorherigen Kapitel erwähnt, mehr als eine Partnerbörse ausgetestet. Grundsätzlich ist dagegen ja auch nichts einzuwenden, wenn es zum Ziel führt und man bereit ist, dafür ein kleines Vermögen zu zahlen. Natürlich muss letztendlich jeder selbst für sich entscheiden, ob es einem das wert ist. Nur finde ich es unverschämt, wie teilweise die Situation der Alleinstehenden ausgenutzt wird. Nach der Devise: »Wenn ich im Urlaub bin, gucke ich nicht auf die Preise. Ich gönne mir einfach alles, egal wie viel es kostet.« Und so hat sich ein Single eine teure Partnerbörse zu »gönnen« und es wird ihm geschickt das Geld entlockt.

Dabei kann man dreistellige Beträge für ein halbes Jahr Partnerbörse loswerden. Bin ich nicht bereit zu löhnen, wird es eben nichts mit meinem Liebesglück. Den Zusammenhang kann ich allerdings nicht ganz nachvollziehen. Kann ich denn im Umkehrschluss von kostenpflichtigen Partnerbörsen mein Geld zurückverlangen, wenn ich keinen Partner gefunden habe?

Nach der Devise: Vertrag abgeschlossen und nicht eingehalten. Ich habe nicht bekommen, was mir »versprochen« wurde. Die Geld-zurück-Garantie wäre doch mal eine Strategie, um das Ganze mit größerer Wahrscheinlichkeit zu einem Erfolg zu bringen. Trägt auf jeden Fall zur Kundenzufriedenheit bei. Obwohl sich Glück nach wie vor nicht erzwingen lässt. Glück entsteht, wenn beide Seiten es zulassen. Und dazu braucht es zunächst ein Match.

Dann gibt es da noch einen Bereich, indem sich der Markt, meiner Meinung nach, immer noch nicht auf den Wandel der Gesellschaft eingestellt hat. Auf die Situation, dass es immer mehr Singles und somit auch Alleinreisende gibt. Du verreist allein? Selbst schuld! Dann ist gleich mal ein Einzelzimmerzuschlag fällig. Du buchst eine Alleinreise erst drei Monate vor Abreisetag? Pech gehabt. Dann musst du dir das Zimmer teilen. Genannt »halbes Doppelzimmer«, denn alle Einzelzimmer sind schon ausgebucht. Von den hundert zu buchenden Zimmern sind nun mal nur fünf Einzelzimmer. Wenn ich allein verreise, scheint es mir, dass ich als Single fast überall draufzahle. Eintrittsermäßigung ab vier Personen – Mengenrabatt. Ha! Dann klone ich mich doch mal eben schnell. Sorry, mir wäre es auch lieber, wenn ich einen Partner und Kinder hätte, die mit mir überall hin verreisen und mich bei Unternehmungen gerne begleiten.

Was ist mit dem wöchentlichen Einkauf? Er gestaltet sich für Singles als eine kleine Herausforderung. Möchte ich die gesamte Woche das Gleiche essen? Dann kaufe ich die preisgünstige Großpackung. Möchte ich doch etwas Abwechslung in meinem Speiseplan und nicht irgendwann unter Mangelerscheinungen leiden aufgrund einseitiger Ernährung, muss ich in den sauren Apfel beißen und die eindeutig teureren Kleinpackungen kaufen. Mag der Hersteller meinen, dass wir doch froh sein sollen, dass sich der Markt endlich auf die Bedürfnisse der Singles eingestellt hat und es nun kleine Packungen zu kaufen gibt. Ja, das ist super, wenn der Preis denn im Vergleich zu den Großpackungen auch angepasst werden würde. Ich finde es ökonomischer, nur die Menge Lebensmittel einzukaufen, die ich verzehren kann. Ich mag es nämlich nicht leiden, wenn am Ende die Hälfte meines Einkaufs im Müll landet, nur weil ich gezwungen bin, die im Vergleich günstigeren Großpackungen zu kaufen.

Von einer anderen Art von Geschäft, welche ich sehr interessant fand, wird in einer englischen Zeitschrift berichtet. Dort heißt es:

»It's hard to find good relationships in this day and age. Intimacy is a demanding and time-consuming business for which we no longer seem to find the space. Loneliness is a real and present danger.«

Was für wahre Worte, die sehr zum Nachdenken anregen. Es ist tatsächlich in dieser Zeit schwierig, gute Freunde zu finden. Denn Beziehungen und soziale Kontakte erfordern Zeit und Mühe. Beides wollen oder können offensichtlich viele nicht mehr aufbringen. Einsamkeit ist eine wirkliche und gegenwärtige Gefahr.

In dem Artikel geht es unter anderem darum, dass man sich zum Beispiel als alleinstehende Frau, einen vorzeigbaren Partner »mietet«, einen Schauspieler, um einen besser bezahlten Job, eine Führungsposition, zu bekommen. Oder damit das

Kind einer Alleinerziehenden einen Platz an einer renommierten Schule erhält. Was soll man dazu noch sagen? Was ist das für eine Gesellschaft? Es scheint offensichtlich besser anzukommen, eine Partnerschaft vorzutäuschen, als offen damit umzugehen, dass man alleinstehend ist. Als Single wird man regelrecht gezwungen, eine Lüge aufzutischen, um einen besseren Job oder für sein Kind einen guten Bildungsplatz zu erhalten. Und als ob das nicht ausreichen würde, muss die alleinstehende Person dafür noch etwas anderes hinblättern. Eine beträchtliche Anzahl Geldscheine. Denn der Schauspieler möchte ja schließlich auch bezahlt werden und erledigt seinen Job nicht uneigennützig.

Das Geschäft mit den Singles. Es scheint sehr lukrativ zu sein.

13 Männermüde

Seit meinem 18. Lebensjahr habe ich darauf gehofft, den Mann meines Lebens kennen- und lieben zu lernen, mein Leben mit ihm zu teilen und auch Kinder zu bekommen. Ein total konservatives Leben in einem Einfamilienhaus mit Terrasse und Garten zu führen. Glücklich und unbeschwert. Meine Güte! Das hört sich ja an wie aus einem Märchenbuch.

Leider bin ich ihm bis heute nicht begegnet. Dem Mann, mit dem ich mein Leben teilen wollte und er mit mir. Kann sein, dass wir vielleicht aneinander vorbeigelaufen sind. Vielleicht haben wir uns auch unterhalten. Aber nicht intensiv genug, um zu wissen, dass wir beide zusammengehören. Oder es gab widrige Umstände, welche ein näheres Kennenlernen ausgeschlossen haben, wie zum Beispiel eine blonde, gertenschlanke Freundin an seiner Seite. In meinen 41 Lebensjahren habe ich so einiges über Männer gelernt. Wenn ich mein Umfeld so betrachte, habe ich mir im letzten vergangenen Jahr immer wieder die Frage gestellt, ob es überhaupt noch erstrebenswert ist, mit einem Mann sein Leben zu teilen, zusammenzuziehen? Welche Vorteile bringt mir das Zusammensein mit einem Mann? Macht es mich, macht er mich wirklich glücklich? Oder ärgere ich mich nur noch um Alltägliches, weil er gedankenlos durchs Leben wandert, sich seiner irgendwann zu sicher ist und sich keine Mühe mehr gibt? Wird er mir treu sein oder wird er mir mein Herz brechen?

Wenn ich einen für mich attraktiven Mann sehe, schaue ich ihn nach wie vor gerne an. Aber mehr passiert da auch nicht bei mir. Ich war nie der Typ für Schwärmereien. Inzwischen habe ich das Gefühl, dass mich kein Mann mehr in Versuchung bringen könnte. Na ja, passiert im wirklichen Leben tatsächlich auch nicht. Männer haben offensichtlich ihren Jagdinstinkt verloren. Aber irgendwie ist es mir inzwischen auch egal. Ich bin gleichgültig geworden. Man könnte es auch als »Männermüdigkeit« bezeichnen. Es gab eine Zeit, da schien bei mir alles grau zu sein. Es gab kein weiß und kein schwarz. Ich konnte mich nicht freuen. Nicht mal auf meine heißgeliebten Reisen. Ich konnte auch nicht weinen. Es ging einfach nicht, obwohl ich tieftraurig war. Alles war grau in grau. Und die Männer um mich herum, welche hätten potenzielle Partner sein können, haben mich in keiner Weise gereizt. Vielleicht weil sie nur untätig durch die Welt schritten und nicht nach rechts und links geschaut haben. Keine Initiative ergriffen haben, um die Aufmerksamkeit auf sich zu lenken und Interesse zu zeigen.

Hierzu ein kleiner Exkurs:

Vor einigen Jahren habe ich auf einer Sportreise einen Kölner Lehrer kennengelernt. Ein netter und eigentlich auch gutaussehender Typ, aber leider nicht meine Wellenlänge. Irgendwann haben wir uns nach dem Urlaub zu fünft, mit zwei seiner Kumpels und meiner Freundin, die auch bei der Sportreise mit von der Partie waren, in Frankfurt auf einen Kaffee getroffen. Und irgendwie kamen wir auf die Männer im Urlaub zu sprechen. Da meinte er tatsächlich, was mich überrascht und beinahe sogar beeindruckt hat, dass mich die Männer dort gelangweilt haben. Er hatte mich wohl durchschaut. Offensichtlich war er einer der wenigen Exemplare von Mann, die einfühlsam genug und klug sind, um hinter meine Fassade zu schauen. Und dazu hat er es auch noch ausgesprochen. Normalerweise reden Männer nicht über solche Themen, jedenfalls nicht mit mir. Ich fand diese Äußerung recht interessant und sie machte mich nachdenklich. Er ist ein Mann, der mit Sicherheit sein Herz am rechten Platz hat und einen großen Verstand besitzt. Aber dummerweise hat es bei mir nicht »Klick« gemacht. Und wenn, heißt es noch lange nicht, dass es auf Gegenseitigkeit beruht hätte.

Nachdem ich von Niedersachsen nach Hessen gezogen bin, habe ich immerhin mal wieder Männer kennengelernt, die tatsächlich mein Interesse geweckt haben. Ich habe endlich wieder Leben in mir gespürt. Ich war also innerlich doch noch nicht tot. Das war beruhigend zu wissen. Meine »Männermüdigkeit« schien etwas zu schwinden. Da ich weniger männermüde zu sein schien, nahm ich meine Umwelt bewusster wahr und mir fiel auf, wenn ich unterwegs bin, beim Einkaufen im Supermarkt, beim Spazierengehen, beim Joggen, dass ich immer mal wieder von Männern, und zwar jeder Altersklasse, angeschaut werde.

Das Dumme daran ist, dass ich nicht weiß, warum sie gucken. Ist es, weil ich einen Keks auf dem Kopf habe? Weil sie mich sonderlich, zu dick oder sogar hässlich finden? Oder meinen sie, mich von irgendwoher zu kennen? Oder besteht die Möglichkeit, dass sie schauen, weil sie mich auf irgendeine Art und Weise interessant oder attraktiv finden? Ich bin schon neugierig und würde die Gründe zu gerne erfahren. Vielleicht bin ich einfach so dreist und frage das nächste Mal direkt nach. Aber da ich ja anständig erzogen wurde, werde ich sehr wahrscheinlich nicht frech nachfragen. Und so werden die Gründe weiterhin ein Geheimnis bleiben. Und vielleicht ist es auch besser so.

Noch bin ich aktuell bei einer App angemeldet. Über diese App kann man Männer auf eine andere ungezwungenere Art und Weise treffen. Wie sieht das Konzept aus? Es wird sich in einer Gruppe mit mehreren Personen verabredet. Die Treffen sind gemischt oder auch nur mit dem gleichen Geschlecht, wenn man das eher bevorzugt. Bei diesen Verabredungen bleibt der Druck aus, dass man sich ad hoc verlieben muss. Denn das Dating-Feeling bleibt aus. Ich persönlich empfinde das als angenehm und entspannend. Der Fokus liegt darauf, nette Menschen kennenzulernen, Freundschaften zu schließen. Oder man verliebt sich im besten Fall doch und es ergibt sich eine Liaison.

Und was ist mir passiert? Ich hatte ein reines Frauentreffen initiiert, weil ich gerade der Männer müde war. Mit dabei war Clara. Es war ein harmonisches Beisammensein. Clara und ich blieben nach dem Treffen in Kontakt und er dauert bis heute an. Mir stellt sich mal wieder die Frage, warum das bei mir nicht auch so einfach mit den Männern funktionieren kann? Warum scheint das immer so unendlich kompliziert zu sein? Selbst wenn bei den Treffen Männer dabei waren, hat sich nie etwas ergeben. Obwohl … Das stimmt nicht ganz.

Einmal war tatsächlich ein netter Typ dabei, bei dem ich das Gefühl hatte, dass wir auf einer Wellenlänge waren. Selbst, dass er Vater einer Tochter war, hatte mich nicht abgeschreckt. Wir hatten uns in der Stadt auf einen Kaffee getroffen. Es war ein nettes Treffen gewesen. Bei der Verabschiedung sagte ich, dass ich mich freuen würde, wenn wir uns wiedersehen würden.

Seine Reaktion war recht verhalten. Ich hatte ein Déjà-vu. Ich ahnte, dass es kein gutes Ende nehmen würde. Kurz darauf flog ich nach Rhodos in den Urlaub. Wir schrieben uns, allerdings immer noch über die App. Er hatte nicht nach meiner Handynummer gefragt und mir auch nicht seine gegeben. Ich beschloss, mich in dieser Sache in Zurückhaltung zu üben und mich genauso wenig nach seiner Nummer zu erkundigen. Früher hätte ich es getan. Aber ich wollte etwas »Neues« ausprobieren. Wenn er schrieb, war es ausführlich und schon irgendwie vertraut. Allerdings dauerten seine Antworten manchmal Tage und das, obwohl er auch frei hatte.

Wenn man sich ernsthaft kennenlernen möchte, zeigt man da nicht etwas mehr Engagement? Unabhängig davon, ob Mann oder Frau. Nach vielem Hin und Her schrieb ich ihm direkt, dass ich ihn sehr gerne mag, mir aber nicht sicher sei, wie das von seiner Seite aussieht. Er würde mich auch mögen.

Er lässt es gerne laufen und schaut, was passiert. Interessante Theorie! Erobert Mann heutzutage so eine Frau? Schaut, was passiert. Nimmt in Kauf, dass die Konkurrenz »seine Frau« vor seiner Nase wegschnappen könnte. Oder ist es bei mir so offensichtlich, dass keine Gefahr von Konkurrenz droht, sodass Mann meint, sich keine Mühe geben zu müssen? Oder war er es ebenso leid wie ich, Energie in etwas zu stecken, bei dem er den Ausgang nicht kennt oder doch kennt? Ist dessen müde?

Ich schrieb ihm nicht mehr. Und er mir genauso wenig.

Da ich den Drang verspürt hatte, mal wieder aktiv werden und etwas in Richtung Männer tun zu müssen, hatte ich mich bei einem so genannten Face-to-Face-Dating in Frankfurt angemeldet. Das Prinzip solch eines Treffens besteht darin, dass man während eines Abends zwei bis drei Locations besucht und bei jedem Wechsel in das andere Lokal neue Leute kennenlernt. Die »Trefferquote« wird damit erhöht. Gegen Ende des Abends habe ich Marie kennengelernt. Sie strahlte Lebensfreude aus, obwohl sie nach 20 Jahren Ehe von ihrem Mann verlassen wurde. Ich fand sie sympathisch, habe aber nicht nach ihrer Nummer gefragt. Obwohl ich in der Vergangenheit häufig diejenige war, die die Initiative ergriffen hat, um Kontakte zu knüpfen.

Schließlich war es doch ein Dating-Treffen. Später habe ich festgestellt, dass Marie bei der gleichen App angemeldet ist wie ich. Ich habe sie favorisiert und sie mich später ebenfalls. Etwas Zeit war vergangen und ich hatte eine Nachricht von Marie erhalten. Ob wir uns nicht einmal treffen wollten? Sehr gerne. Seitdem haben wir uns des Öfteren gesehen, nette Dinge unternommen und uns gut unterhalten. Und jetzt finde den Fehler. Bei dem Dating-Event und durch die App, habe ich nicht Männer kennengelernt, sondern Frauen. Ja, es haben sich teilweise Freund-/ Bekanntschaften entwickelt. Aber was sagt das über mich aus? Läuft da irgendetwas schief? Aber immerhin scheine ich nicht sozial inkompetent zu sein. Denn ich bin in der Lage, Kontakte zu knüpfen und Freundschaften zu schließen. Es scheitert eben nur an den Männern. Nur ist gut. Es scheint ein essenzielles Problem meinerseits zu sein. Warum das auch immer so ist.

In letzter Zeit haben sich kleine Alltagssituationen ereignet, die vielleicht beweisen, dass ich inzwischen eine positivere Ausstrahlung habe und diese von meiner Umwelt auch wahrgenommen wird. Von diesen Ereignissen möchte ich hier kurz erzählen:

Die Maßnahmen des zweiten Lockdowns wurden gelockert und so durfte endlich die Gastronomie wieder öffnen. Ich hatte mit einer Bekannten einen kleinen Ausflug ins Grüne gemacht und wir wollten anschließend bei ihr um die Ecke etwas essen gehen. Bei einem Spanier hatten wir spontan noch Glück und haben für eine Dreiviertelstunde einen Platz ergattern können. Als ich mich setzen wollte, sagte vom Nachbartisch ein Mann, schätzungsweise einige Jahre jünger als ich, »Hallo« zu mir. Ich war irritiert. Mich hat noch nie eine Person vom Nachbartisch begrüßt, die ich nicht kannte, wenn ich mich in einem Restaurant platzierte, beziehungsweise könnte ich mich nicht daran erinnern. Es waren zwei Pärchen, die dort zusammensaßen. Wahrschlich war er so überrascht, dass wir um die Ecke kamen, weil er uns nicht hat kommen sehen. Und da kam das »Hallo« wahrscheinlich als automatische Reaktion heraus. Aber immerhin ein höflicher Mann.

Ich war an einem heißen Juniabend nach der Arbeit joggen. Auf dem Rückweg war ich tief in meinen Gedanken versunken. Ich meinem rechten Ohr, wie immer, mein Kopfhörer mit Musik.

Plötzlich hörte ich ein »Hallo«. Ich war nicht davon ausgegangen, dass ich gemeint war. Ich überlegte, ob es von den Bauarbeitern kommen könnte, die auf der anderen Seite des Flusses gerade die S-Bahn-Schienen ausbauten. Dafür war das »Hallo« aber zu nah und außerdem hatten diese schon längst Feierabend. Ich drehte also meinen Kopf langsam nach rechts und schaute in Richtung Fluss. Drei Augenpaare, die jungen Männern gehörten, schauten mich von einem Kanu aus an. Ich musste lachen. Irgendetwas wurde noch gesagt. Doch ich verstand nicht, weil ich Musik im Ohr hatte und manchmal schlecht verstehe. Mein Gehirn macht da nicht so mit und die Worte werden oft erst zwei bis drei Sekunden später verarbeitet. In solchen Situationen viel zu spät. Ich habe den jungen Herren mit freiem Oberkörper zugewunken und bin davongejoggt. Diese Situation hat nur wenige Sekunden gedauert. Die drei jungen Männer hatten jedenfalls Spaß. Sie müssen mich schon von Weitem gesehen haben. Vielleicht war es eine Mutprobe oder eine Challenge, um mich, die gedankenversunken durch die Gegend lief, zum Lachen zu bringen. Das Letztere haben sie geschafft. Und ich musste später noch schmunzeln, wenn ich daran dachte.

Mein Sommerurlaub stand an und da ich es wegen Corona noch nicht riskieren wollte, in ein anderes Land zu fliegen, habe ich mich entschlossen, ein weiteres Jahr meine freien Tage in Deutschland zu verbringen. Das Wetter war in diesem Sommer leider sehr unbeständig. Aber an meinem ersten Urlaubstag immerhin trocken und T-Shirt-Wetter. Ich saß auf einer Bank im Landschaftspark Duisburg-Nord, gönnte mir eine kleine Pause und guckte, mit Sicherheit mit einem bösen Blick, auf mein Handy. Ich hörte Geräusche und blickte auf. Drei junge Männer fuhren auf ihren Rädern an mir vorbei. Einer sagte »Hallo!« zu mir und lächelte. Wieder dieses »Hallo«. Und das innerhalb von wenigen Wochen zum wiederholten Male.

Was war das nur? Ich habe die Reaktionen als sympathisch empfunden. Aber was mache ich anders als die Jahre zuvor? Scheine ich auf meine Umwelt und auch auf Männer mittlerweile positiver und lockerer zu wirken? Wäre schön, wenn es so wäre. Es kann aber auch genauso gut sein, dass es mit der Covid-19-Pandemie zu tun hat und die Menschen dadurch tatsächlich kontaktfreudiger geworden sind.

Eine für meine Verhältnisse ungewöhnliche Begebenheit hatte sich zudem ereignet, von der ich berichten möchte, obwohl sie für Außenstehende banal klingen mag. Es war für mich klar, sobald ich den vollständigen Corona-Impfschutz habe, dass ich meinen Urlaub im Ausland verbringen möchte. Es war Mitte September und meine gebuchte Gruppenaktivreise in Süditalien stand an. Mein Flug ging ab dem größten Flughafen Deutschlands Richtung Neapel. Bei der Sicherheitskontrolle wurde meine Handtasche aussortiert, obwohl ich alles nach Vorschrift verpackt und herausgelegt hatte. Also stand ich da und wartete, dass sich jemand vom zuständigen Flughafenpersonal dazu bequemte, sich meiner Tasche anzunehmen und diese zu überprüfen.

Ich wartete ungeduldig, denn Geduld gehört definitiv nicht zu meinen Stärken. In der Zwischenzeit kam ein gutaussehender Mitarbeiter zu mir und fragte mich, worauf ich denn warten würde. »Auf meine Tasche«, entgegnete ich. »Schade«, meinte er. »Ich dachte auf etwas anderes.« »Ja, schade«, war meine Antwort. Früher hätte ich darauf wahrscheinlich nichts mehr entgegnet und hätte mich lieber stumm aus dem Staub gemacht. Das ging aber schlecht, da ich ja auf die Kontrolle meiner Handtasche warten musste. Endlich kam eine Dame und überprüfte meine Tasche. Sie hatte es auf mein Kosmetiktäschchen abgesehen und wühlte darin wild herum. Eine Cremetube von 50 ml war der Gegenstand des Anstoßes, aber eben nicht vorschriftswidrig. Sie überließ mir wieder meine Habseligkeiten und ich begann, meine Sachen einzupacken. Da tauchte der gutaussehende Mitarbeiter erneut auf. »Wo geht denn die Reise hin?«, fragte er. »Nach Neapel«, antwortete ich in meinem überschwänglichen Redeschwall. »Oh, da ist bestimmt sommerliches Wetter?« Wir unterhielten uns kurz über die vorhergesagten Temperaturen in Neapel, während ich nebenbei weiter meine Tasche packte. »Ob ich denn allein verreisen würde?« Meine besonders ausführliche Antwort lautete: »Ja.« – »Soll ich mitkommen?« – »Warum nicht? Wenn Sie spontan Urlaub bekommen?«

Da war er wieder. Der Realist in mir. Das war eigentlich eine total blöde Antwort von mir. Aber wie gesagt, für meine Verhältnisse schon eine Konversation der größeren Ausmaße mit einem fremden, attraktiven Mann. Als ich alles verstaut hatte, wünschte er mir eine schöne Reise, ich bedankte mich artig und ging meines Weges. Auch wenn die Unterhaltung alles andere als spektakulär klingt, so hat es mich doch gefreut, dass mich tatsächlich mal ein attraktiver Mann angesprochen hatte. Ich nehme an, dass er häufiger mit hübschen Frauen flirtet, die allein reisen. Das spielte aber überhaupt keine Rolle. Wichtig und interessant war, dass es mir ein gutes Gefühl gab und mir gute Laune gemacht hat. Außerdem war ich ein bisschen stolz darauf, dass ich das Spiel ein klein wenig mitgespielt habe. Denn schließlich versuche ich dazuzulernen.

Kann ich annehmen, dass ich meine »Männermüdigkeit« überwunden habe? Vielleicht bin ich auf einem guten Weg, was diese kleinen Erlebnisse womöglich zeigen. Tatsächlich bin ich des langen Suchens müde und es hat mich viel Energie gekostet. Mein Wunsch, einen lieben Mann kennenzulernen, ist selbstverständlich nach wie vor vorhanden und werde ich niemals aufgeben. Von daher kann ich nicht mehr besonders männermüde sein.

Was kann ich tun, um den letzten Rest meiner »Männer-müdigkeit« zu überwinden?

Eine Bekannte erzählte mir von einer Frau, die seit Jahren als Beziehungscoach tätig ist. Bis dahin war mir nicht bekannt, dass es so etwas gibt. Immerhin ist sie als Expertin für erfolgreiche Partnersuche seit 2008 selbst glücklich verheiratet. Also anzunehmen, dass sie ihr Handwerk versteht. Wäre ein Workshop bei ihr eventuell die Möglichkeit, meine »Männer-müdigkeit« endgültig in den Griff zu bekommen? Zu lernen, wie ich erfolgreich flirte, wie ich Gelegenheiten schaffe, wie ich diese nutze? Habe möglicherweise sogar Spaß am Dating? Und wer mag es glauben, dass ich zu guter Letzt durch das Gelernte noch den Mann fürs Leben kennenlerne? Es wäre einen Versuch wert.

14 Emanzipation

Um im Vorfeld Missverständnisse auszuschließen, möchte ich klarstellen, dass ich grundsätzlich finde, dass die Emanzipation eine sehr gute Sache ist. Allerdings werde ich den Eindruck nicht los, dass die Männer heutzutage teilweise durch die Emanzipation verunsichert sind. Ich würde mir wünschen, dass Männer generell wieder etwas zuvorkommender werden würden, mehr Gentleman. Früher waren die Rollen klar geregelt. Der junge Mann lädt das nette Mädel von nebenan zum Abschlussball ein. Vorher wird noch ein Tanzkurs zusammen absolviert. Der Mann war der Jäger. Mann macht, Frau macht mit. Irgendwie scheint der Mann von Welt sich nun auf der Emanzipation auszuruhen. Frau will nicht mehr in der Küche stehen, will neben Kindern noch Karriere machen, dann kann sie gefälligst auch, wenn sie Single ist, den Mann ansprechen und zum Kaffee einladen. Also beschließt Mann offensichtlich, gar nichts mehr zu tun und überlässt die Interaktionen einzig und allein der Frau. Frustrierend für uns Frauen. Denn Frau möchte auch mal Frau sein dürfen und nicht alles selbst in die Hand nehmen müssen und sich immerhin anfangs vom Mann begehrt fühlen. So geht es mir jedenfalls als Frau. Wenn sich ein Mann für eine Frau interessiert, sollte er sich doch von seiner besten Seite zeigen wollen. Mag Mann meinen: »Sind wir denn hier bei »Wünsch dir was«? Die Frauen wollen doch emanzipiert sein.« Ja, das stimmt. Ich bin froh darüber, dass Frauen in vielen Dingen, vor allem im Berufsfeld, den Männern immer mehr gleichgestellt werden. Aber genauso bin ich der Meinung, dass ich meine Wünsche frei äußern dürfen sollte. Ob sie letztendlich in Erfüllung gehen, steht auf einem anderen Blatt Papier und bestimmt nicht auf diesem hier.

In meinem Leben als Single ist es schon häufig vorgekommen, dass ich in einem Café allein saß und etwas getrunken habe. Trotzdem ist es aber noch nie vorgekommen, dass sich ein Mann zu mir gesetzt hat, der ebenfalls allein unterwegs war und ein Gespräch mit mir angefangen hätte. Liegt es daran, dass Männer seltener allein Kaffee trinken gehen? Oder liegt es an der Emanzipation und dass der Mann meint, nicht mehr aktiv sein zu müssen und sich schon gar nicht freiwillig zu einer netten Frau an den Tisch setzt?

Davon abgesehen, hat sich auch noch nie eine Frau zu mir gesellt. Warum ist das so? Stinke ich oder sehe ungepflegt aus? Oh nein, ich gucke bestimmt böse. Warum ist das denn in Deutschland nicht üblich oder sogar fast verpönt? Warum machen wir uns das Leben eigentlich immer selbst so schwer? Kann man sich nicht einfach, ohne Hintergedanken, zu jemanden an den Tisch setzen, der auch allein ist, und sich einfach nur nett unterhalten? Mag sein, dass sich während des Gesprächs herausstellt, dass die Person vergeben ist. Na und? Aber trotzdem erweitert es doch den Horizont, angenehme Gespräche zu führen. Handelt es sich beim Gesprächspartner doch um einen Single, besteht die Möglichkeit, Handynummern auszutauschen, natürlich nur sofern sich beide einig sind. Und im Idealfall würde sogar etwas daraus werden. Aber wenn ich ehrlich bin, fehlt mir in diesem Fall auch der Mut, die Initiative zu ergreifen und mich an einen Tisch zu setzen, an dem ein sympathischer Mann alleine sitzt. Warum eigentlich? Weil ich den Eindruck habe, dass hierzulande jeder lieber eigenbrötlerisch durchs Leben geht. Gesellschaft ist nicht erwünscht. Und wenn ich einen Mann fragen würde, ob ich mich zu ihm an den Tisch setzen dürfte, wäre er wahrscheinlich unangenehm befangen. Und bei meinem Glück wäre er nicht allein da, sondern seine Begleitperson wäre gerade auf der Toilette. Oder erwartet noch jemanden, welcher sich verspätet.

Deutsche Pünktlichkeit ist nämlich auch nicht mehr das, was sie mal war.

Feststellen konnte ich immerhin, dass Franzosen deutlich kommunikativer als deutsche Männer sind. Dazu möchte ich von einigen kleinen Geschehnissen berichten, die ich auf meinem Städtetrip in Frankreich erlebt habe:

Ich war bereits nach New York City, London, Berlin gereist. Mir fehlte Paris noch auf meiner Liste. Leider fand ich keine Freundin, die mich begleiten wollte. Entweder waren sie schon dort gewesen oder es bestand kein Interesse. Und so fuhr ich mit dem ICE allein in die Stadt der Liebe. Was ich da eigentlich als Single zu suchen hatte, war mir nicht ganz so klar. Aber die Stadt der Liebe wollte ich unbedingt sehen und da musste ich eben alleine durch. Romantisch schien mir Paris auf den ersten Blick wahrlich nicht zu sein. Unheimlich viel Verkehr und unzählige Menschen, Lärm, eine riesige Kreuzung. Hatte ich schon erwähnt, dass ich so immens große Kreuzungen hasse?

Ich irre darauf umher und finde selten auf Anhieb die richtige Richtung, in die ich gehen muss. Auf der Suche nach meinem Hotel ging es mir ähnlich und ich stand mit meinem Stadtplan, ja tatsächlich mit einem Stadtplan, verloren in einer Ecke auf der besagten Kreuzung mit meinem Koffer und Regenschirm. Ich muss sehr verzweifelt ausgesehen haben, als mich ein älterer Herr nett ansprach, ob er mir helfen könnte. Nachdem ich ihm auf Englisch erklärte, dass ich auf der Suche nach meinem Hotel war, sprach er plötzlich Deutsch mit mir. Mein Englisch muss mit einem hörbar deutschen Akzent versehen sein. Ich fragte ihn, woher er so gut Deutsch sprechen könne. Ich habe seine Antwort vergessen. Aber nicht, dass er mir so freundlich weitergeholfen hatte, den Weg zu meinem Hotel zu finden. Der höfliche, ältere Mann war noch von der alten Schule und half, wie ein wahrer Gentleman, einer orientierungslosen Frau weiter. Der Emanzipation zum Trotz.

Natürlich habe ich mir die Sehenswürdigkeiten angesehen, die jeder Tourist in Paris gesehen haben muss. Von der Champs-Élysées, dem Triumphbogen, dem Eifelturm, Notre-Dame, der Mona Lisa im Louvre, dem Kanal Saint-Martin war alles dabei.

Notre-Dame – 2016

Zwischendurch habe ich mir immer wieder Pausen gegönnt und hatte mich an einem Nachmittag zur Erholung in ein nettes Café gesetzt. Ich bestellte auf Französisch einen Milchkaffe, obwohl ich die Sprache nicht beherrsche. Zu meiner Schulzeit war eine zweite Fremdsprache keine Pflicht. Daher hatte ich mir vor meiner Reise einen kleinen Sprachführer für Touristen gekauft gehabt und lernte auswendig, wie ich einen Kaffee oder ein Croissant auf Französisch bestelle. Denn mir wurde erzählt, dass die Franzosen eigen und nicht bereit sind, Englisch zu sprechen. Sie seien nur mild zu stimmen, wenn man Französisch spricht. Mir lag es fern, mich mit den Franzosen »anzulegen« und gab daher mein Bestes, auf Französisch zu bestellen. Obwohl meine Aussprache furchtbar gewesen sein muss, habe ich alles bekommen, was ich wollte. Und die Franzosen waren freundlich zu mir. In dem Café wurde mir, wie bestellt, ein Milchkaffee serviert. Ich bekam nicht nur mein Heißgetränk, sondern der Kellner wollte zudem Konversation mit mir auf Französisch treiben. Grundsätzlich eine sehr nette Geste vom französischen Kellner.

In Deutschland ist mir so etwas so gut wie nie passiert. Ich teilte ihm auf Englisch mit, dass ich leider kein Französisch verstehe. Das schien ihn wenig zu stören und er erzählte munter weiter. Ich fühlte mich unbehaglich, weil ich mich nicht mit ihm unterhalten konnte. Irgendwann verstand er, dass ich nicht verstand und ging seiner Arbeit wieder nach. Es war ein freundlicher und kontaktfreudiger Kellner. Sicherlich hatte er keine »Absichten«, aber es geht um die Geste, die Kontaktfreudigkeit, ein ungezwungener Small Talk.

Louvre in Paris – 2016

Im Louvre bin ich tatsächlich einem gutaussehenden Mann begegnet.

Er war sicherlich ein sehr netter und liebenswerter Mann. Aber trotzdem wollte er sich nicht wirklich mit mir unterhalten. Als kontaktfreudig würde ich diesen Franzosen nicht bezeichnen.

Es war relativ genau ein halbes Jahr nach den Terroranschlägen vom 13. November, als ich Paris meinen Besuch abstattete. Auf dem Place de la République besuchte ich eine öffentliche Veranstaltung. Mir war ein bisschen mulmig, aber ich wollte unter Leute. Ich stand allein in der Menschenmasse. Da sprach mich ein Pariser an. Wir unterhielten uns. Aber irgendwie war ich nicht entspannt und alles andere als gesprächig. Er war sehr nett und offen, aber nicht ganz meine Wellenlänge. Er vermittelte mir nicht dieses Wohlfühlgefühl. Vielleicht lag es daran, dass ich zuvor nie angesprochen wurde, wenn ich dumm in einer Menschenmasse stand. Ist jetzt aber auch nicht so, dass ich mich zuvor besonders häufig allein in Pulks herumgedrückt hätte.

Trotzdem finde ich, dass sich die deutschen Männer in dieser Hinsicht ruhig eine Scheibe von den Franzosen abschneiden können. Sprich doch auf einer Veranstaltung das nette Mädel neben dir diskret von der Seite an. Es wird garantiert nichts Schreckliches passieren. Nur Mut!

Ja, es ist richtig. Es ist nicht mehr daraus geworden – mit dem Pariser. Aber er hat es immerhin in dieses Buch geschafft.

Daher mein »Apell« an die Männerwelt:

Männer, geht auf die Frau eures Begehrens zu. Redet! Nutzt euren Charme. Zeigt durch gezielte, aufmerksame Bemerkungen euer Interesse. Seid dabei unaufdringlich, aber doch irgendwie hartnäckig. Ja, ich weiß, das hört sich kompliziert an. Ist es auch. Aber die Mühe lohnt sich. Deswegen ist Geduld vonnöten, denn nicht jede Frau versteht sofort. Zu diesen Frauen gehöre ich. Ich bin manchmal schwer von Begriff, was diese Sache angeht. Gebt ihr Zeit, damit der Wink mit dem Zaunpfahl irgendwann verstanden wird. Oder sei bevorzugt recht direkt. Das ist natürlich aus der Situation heraus zu entscheiden.

Bei mir ist es so, dass ich als Frau erst verstehen muss, dass da jemand ist, der mich, ja mich, gut findet. Das muss ich erst einmal verinnerlichen. Danach löst es in mir ein gutes Gefühl aus, ich fühle mich geschmeichelt und als Folge kann da schon etwas passieren. Der richtige Zeitpunkt kann entscheidend sein. Da eine Punktlandung zu treffen, ist ohne Frage eine Herausforderung. Aber nur wer wagt, der auch gewinnt. Man lernt sich kennen, schätzen und am Ende vielleicht sogar, wie romantisch, lieben. Liebe! Welch großes Wort!

Aber damit nicht genug. Wenn es so weit ist, mit der Liebe, müssen auch beide dranbleiben. Und das kostet Energie und Ausdauer. Ausdauer scheint mir aber heutzutage nur im Sport gebräuchlich zu sein. Doch zwischenmenschliche Beziehungen erfordern ebenso eine gewisse Ausdauer und vor allem Pflege. Wer hat behauptet, dass zwischenmenschliche Beziehungen mühelos sind? Ich persönlich würde es befürworten, wenn die Männer bei der Partnersuche ab und zu die Emanzipation mal Emanzipation sein lassen würden. Dass sie der Frau hin und wieder ganz altmodisch den Hof machen. Damit ich mich als Frau einfach mal fallen lassen darf und mich begehrt fühlen kann. Das wäre ganz wunderbar.

Zur Emanzipation habe ich noch einen kleinen Exkurs in petto.

Es kommt nicht besonders häufig vor, aber manchmal lese ich intellektuelle Lektüre. So habe ich mir das Buch »Sei du selbst« von Richard David Precht gekauft. Darin habe ich das erste Mal von Charles Fourier (1772-1837) gelesen. Ein französischer Philosoph, der in vielen Themen seiner Zeit weit voraus war. Er hat, was Beziehungen zwischen Mann und Frau angeht, sehr interessante Ansichten gehabt.

Ich zitiere: »Statt sein Begehren in einer lebenslangen Ehe zu zerstückeln, sollte jeder seinen Sexualtrieb frei ausleben dürfen, sofern der andere einwilligt. Frauen und Männer sind in der Liebe völlig gleichberechtigt ...« Klingt nach Emanzipation.

»Auch Ehen sind möglich, allerdings erst für die zweite Lebenshälfte sinnvoll.«

Diese Ansichten sind spektakulär, wenn man bedenkt, dass Fourier dies Anfang des 19. Jahrhunderts geäußert hat.

Eine Zeit, in der Frauen keine oder wenige Rechte hatten und eine Beziehung, ohne den Bund fürs Leben zu schließen, ein Skandal war. Ganz zu schweigen, was eine Ehescheidung betraf. Auch Frauen, die allein lebten, waren nicht gut angesehen. Eher eine Schande, da sie finanziell auf Familie und Verwandtschaft angewiesen waren. Ihren Lebensunterhalt selbst zu verdienen, war für eine Frau fast unmöglich, einfach nicht üblich. Welch Glück, dass ich im 21. Jahrhundert lebe und sich niemand daran stößt, dass ich als Frau allein lebe. Und ich, als weibliches Wesen, mein eigenes Geld verdienen kann und darf und außerdem nicht verachtet werde, weil ich keine Kinder in die Welt gesetzt habe.

Ich finde Charles Fourier sympathisch und bin der Meinung, dass er ein sehr kluger und selbstloser Mann gewesen sein muss. Er hat sich als Mann für die Rechte der Frauen eingesetzt und hatte sehr moderne Ansichten. Seiner Zeit sehr fortschrittlich eingestellt, aber leider belächelt und verachtet von seinen Zeitgenossen. Verheiratet war er nie und zudem kinderlos. Hat er vielleicht dadurch, dass er sich für die Rechte der Frauen eingesetzt hat, den Blickwinkel auf die Frau verändert und war der Meinung, dass er einer Frau nicht mehr den Hof machen müsste? Hat am Ende seine liberale Einstellung dazu geführt, dass er einsam in seiner Pariser Wohnung gestorben ist? Oder wurde er sogar von den Frauen damals als Sonderling abgestempelt, weil er sich für die Emanzipation eingesetzt hat und sich eine Frau mit ihm keine Beziehung vorstellen konnte? Vielleicht mit der Angst im Nacken als seine Frau an seiner Seite verachtet zu werden? Mich stimmt seine Geschichte traurig. Denn so ein Ende hatte Charles Fourier als emanzipierter Mann sicherlich nicht verdient.

15 Ich bin nicht blond!

Als Brünette werde ich das Gefühl nicht los, dass Blondinen von Männern bevorzugt werden. Das spiegelt sich im Berufs- wie auch im Privatleben wider. Wenn ich einen tollen Mann sah, der seinen Anhang im Schlepptau hatte, sprich vergeben war, handelte es sich komischerweise so gut wie immer um eine Blondine. Und die war meist noch gertenschlank. Deswegen finde ich, kann man es mir doch auch nicht zum Vorwurf machen, dass ich Blondinen, ganz simpel ausgedrückt, einfach nicht besonders zugetan bin. Männer scheinen offensichtlich so gestrickt zu sein, dass sie sich von jeder Blondine täuschen lassen. Sie muss nicht einmal besonders hübsch sein. Hauptsache blond. So mein Eindruck und auch meine Erfahrung. Brünetten wird erst gar keine Beachtung geschenkt. Na ja, vielleicht auf den dritten, vierten oder fünften Blick. Aber so oft wird man als Brünette gar nicht von einem Mann angeschaut, wenn sich eine Blondine in der Nähe aufhält. Und schwupps hängt der Blick wieder drüben bei der Blondine. Es ist wirklich zum Verzweifeln.

Aus lauter Frust, nicht von interessanten Männern registriert zu werden, hatte ich mit Ende zwanzig angefangen, mir blonde Strähnen färben zu lassen. Irgendwann waren es so viele Strähnen, dass ich fast blond war. Und was hat es gebracht? Nichts! Wahrscheinlich war es zu offensichtlich, dass ich keine echte Blondine bin. Wäre ich komplett blond gefärbt gewesen, hätte es vielleicht mit einem Mann klappen können. Wer weiß? Das steht in den Sternen. Wie so vieles andere auch. Inzwischen bin ich der Meinung, dass blond einfach nicht zu mir passt und stehe zu meiner Naturhaarfarbe.

Was soll ich sagen? Ich bin nun mal nicht blond!

16 Deine Ansprüche sind zu hoch

Natürlich zählen nur die inneren Werte. Das ist doch klar. So wird es einem Alleinstehenden jedenfalls eingetrichtert. Und wenn ich es wage zu äußern, dass ich gerne einen Partner hätte, der ganz ansehnlich oder, ich mag es kaum wagen auszusprechen, attraktiv ist, werde ich gleich so hingestellt, als hätte ich zu hohe Ansprüche und wäre oberflächlich. Nur die inneren Werte zählen. Tatsächlich? Und deswegen ist ein blendend aussehender Typ, der ein Arschloch ist, auch grundsätzlich immer Single. Klingt logisch? Ist auch so? Nein, es ist nicht so! Diese Männer sind immer vergeben. Sicherlich weil sie so einen tollen Charakter haben. Oder weil diverse Frauen eben auf gutaussehende Arschlöcher stehen? Aus welchen unerklärlichen Gründen auch immer.

Wenn ein Nicht-Single versucht, einen Single zu trösten, sich aber eigentlich hilflos in der Situation fühlt und nicht genau weiß, was er wirklich Tröstendes sagen soll, dann kommt so etwas dabei heraus wie: »Deine Ansprüche sind zu hoch.« Mhhh!? Was bedeutet das eigentlich »Deine Ansprüche sind zu hoch.«? Wer legt das eigentlich fest? Die Gesellschaft, Freunde, die Nachbarn, der Postbote, Psychologen? Ja, wer eigentlich? Wer maßt es sich an, mir zu sagen, dass meine Ansprüche zu hoch sind? Habe ich kein Recht darauf, auch glücklich zu sein? Und zwar mit einem Partner, der mir von seiner Art her gefällt, sowie auch vom Äußeren.

Alle, die vergeben sind, haben sich natürlich unter keinen Umständen von Äußerlichkeiten bei der Partnersuche beeinflussen lassen und sind deshalb alle, »bis dass der Tod euch scheidet«, endlos glücklich. Die Scheidungsrate spricht, meiner Meinung nach, eine andere Sprache. Lägen bei der Partnerwahl immer die inneren Werte im Fokus, würde es möglicherweise weniger Trennungen geben. Das Auge isst ja aber letztlich mit und fällt nicht automatisch auf den idealen Partner, der, was die Eigenschaften und Interessen angeht, mit einem sehr gut harmonieren würde.

Weswegen ich auch bezichtigt werde, zu hohe Erwartungen bei der Partnerwahl zu haben, liegt wohl an meiner Ansicht, dass ich keinen Mann möchte, der sich schon mit einer anderen Frau fortgepflanzt hat.

Er benötigt viel Zeit, Geld und Mühe, um die Pflanze artgerecht zu hegen und zu pflegen. So wie es sich für einen anständigen Vater gehört. Im Leben eines Mannes habe ich leider noch nie die erste Geige gespielt. Ich möchte nun endlich auch mal an der Reihe sein, und nicht an zweiter, dritter, vierter oder sogar fünfter Stelle kommen. Und ein Mann, der seine Zeit hauptsächlich für das Pflegen seines eigen Fleisch und Blutes aufwenden muss und sollte, kann mich daher nicht glücklich machen. Wenn doch, beweise mir das Gegenteil! Ich lasse mich gerne eines Besseren belehren.

Was die »tröstende« Aussage »Deine Ansprüche sind zu hoch« betrifft, denke ich, dass schweigen manchmal einfach Gold ist. Und es ist ab und zu hilfreicher, wenn der Gesprächspartner einfach nur aufmerksam zuhört und nicht aus Drang, etwas sagen zu müssen, so etwas dabei herauskommt wie: »Deine Ansprüche sind zu hoch.« Ein hörendes Ohr ist eben manchmal tausendmal mehr wert.

Irritierend finde ich, dass im Gegensatz zu Singles Paare offensichtlich wählerisch sein dürfen. Ein Paar aus meinem Bekanntenkreis ist schon seit ungefähr zwanzig Jahren zusammen. Mit Anfang fünfzig hat er nun einen Bauch bekommen. Nicht riesig groß, aber im Gegensatz zu vorher, als er gut trainiert war, doch sichtbar. Sie war am Meckern. Sie war davon alles andere als begeistert. Ihr Körperbau ist muskulös vom regelmäßigen Sport und sie achtet sehr auf ihre Ernährung.

Dementsprechend erwartet sie von ihrem Partner ähnlichen Einsatz, denn schließlich war er jahrelang gut in Form. Was war die Quintessenz ihrer Unzufriedenheit? Er musste abnehmen und hat schon ein paar Kilos verloren. Ich persönlich finde es legitim, dass man auch als Frau von seinem Partner erwarten darf, dass er im Alter attraktiv bleibt. Vor allem, wenn die Frau genauso hart daran arbeitet. Bei uns Singles beziehungsweise bei mir wird häufig so getan, als würde ich viel zu viel erwarten, wenn ich mir einen attraktiven Mann an meiner Seite wünsche. Ich brauche keinen Adonis, aber einen Mann, der optisch zu mir passt, der für sein Alter noch relativ gut in Schuss ist. Mein Deckel eben. Passt ein Mann mit Bauch zu mir? Wenn es sich nicht um einen überdimensionalen handelt, bestimmt. Denn schließlich bin ich auch nicht perfekt. Und wer will denn überhaupt einen perfekten Partner? Da ist Langeweile ja schon vorprogrammiert.

Und weil mir immer wieder vorgeworfen wurde, dass meine Ansprüche zu hoch sind, habe ich es mit zwei Männern versucht, von denen ich allerdings von Anfang an nicht überzeugt war und mein Bauchgefühl mir eigentlich davon abgeraten hatte. Ich habe uns jeweils eine Chance gegeben und ausnahmsweise nicht sofort die Flucht ergriffen.

Der Erste war ein Hannoveraner, den ich über eine Partnerbörse kennengelernt habe. Optisch schon mein Typ, dunkelhaarig und braune Augen. Allerdings war er mir zu dünn und besonders groß war er auch nicht. Er schien anfangs sehr begeistert von mir zu sein. Wir unternahmen einiges in Hannover. Bei mir war er, glaube ich, nur ein einziges Mal. Nach ungefähr sechs Wochen fing es an. Er hat sich mir gegenüber respektlos verhalten. Meine Meinung war eh nichts wert. Mein USB-Stick mit Fotos wurde herumgeschmissen und nette Worte waren fehl am Platz. Plötzlich war mein linkes Auge kleiner als mein rechtes. Welch ein Makel! Und einen Kugelpo hatte ich nun auch. Also heutzutage lassen sich die Frauen extra Silikon in den Allerwertesten spritzen, damit sie ein überdimensionales Hinterteil bekommen. Das ist mega trendy! Ich gebe zu, dass es vor zwölf Jahren noch nicht der Trend schlechthin war, aber ich brauchte für meinen Kugelpo keinen Schönheitschirurgen. Er schien alles »Schlechte« an mir zu suchen und mich damit niedermachen zu wollen. Anstatt den Charakter zu besitzen und mir zu sagen, dass es mit uns beiden nichts werden wird. Nein, da stöpselte er lieber sein Festnetztelefon aus, damit ich ihn nicht erreichen konnte. An sein Handy ging er auch nicht, als ich versuchte, ihn telefonisch zu erreichen. Ich fühlte mich schlecht und verraten. Hatte ich so etwas verdient? Ungefähr nach einer Woche bequemte er sich, mich quietschvergnügt anzurufen. Es ginge ihm wunderbar. Ich fuhr ihn durchs Telefon an, ob er eine Ahnung hätte, wie es mir gehen würde? Für mich hatte sich die Sache erledigt. Und so jemand schrieb in seinem Partnerbörsen-Profil, dass er empathisch sei. Vielleicht hätte er das Wort vorher googeln sollen, bevor er es dort verewigt hatte. Manche Menschen scheinen wirklich eine falsche Wahrnehmung von sich selbst zu haben.

Der Zweite war ein Münchner, den ich im Urlaub auf Korfu kennengelernt hatte. Mit elf Jahren älter als ich eigentlich gar nicht mein Beuteschema und dazu optisch echt nicht der Burner. Zwar hatte er schwarze Haare, aber die wurden sichtlich weniger. Ich ließ mich bezirzen. Er war gut drauf, humorvoll und unternehmungslustig. Das hat mich überzeugt. Anfangs war auch er sehr angetan von mir, geradezu überschwänglich. Mein Bauchgefühl riet mir sehr zur Vorsicht. Aber wie im Fall zuvor, ignorierte ich auch hier meine inneren Alarmglocken. Denn in meinem Kopf schwirrte der Satz umher: »Du bist zu wählerisch!«. Er war so euphorisch und meinte, ob ich nicht Lust hätte, meinen Urlaub noch in Süddeutschland zu verlängern. Ich hatte insgesamt drei Wochen Urlaub und konnte theoretisch noch einige Tage in München verbringen. Ich flog erst nach Hause, um Wäsche zu waschen und meinen Koffer, dem deutschen Wetter angepasst, zu packen. Ich fuhr ab Göttingen mit dem ICE nach München. Er musste arbeiten. Er war selbstständig und besaß eine Agentur. Ich verbrachte die Zeit, während er arbeitete, mit Shoppen und Sightseeing in München. Er führte mich lecker Italienisch aus, war mit mir im Englischen Garten und wir fuhren dort in einer Rikscha. Es war wirklich nett. Dann ging es darum, wann wir uns das nächste Mal sehen würden. Er wäre ja öfters auch auf Dienstreise und auch in Hannover unterwegs. Dann könnte er mich mal besuchen kommen. Aber momentan sehe es nicht danach aus, dass er in Norddeutschland zu tun hätte. Ob ich nicht noch mal nach München kommen könnte? Er würde auch die Zugfahrt bezahlen. Also fuhr ich erneut zu ihm nach München. Er musste lange arbeiten. War kaputt von der Arbeit. Am Wochenende könnten wir in die Stadt fahren. Darauf wartete ich den gesamten Samstag und es passierte nichts. Das Einzige an Unternehmungen war, dass wir zum Supermarkt Lebensmittel einkaufen fuhren. Hinterher hielt er mir die ganze Zeit vor, dass ich ganz schön teuer wäre. Denn für den Einkauf der Lebensmittel musste er 50 Euro hinblättern. Ich würde zu viel essen. Ich zweifelte mittlerweile an mir selbst, ob ich es mir nur eingebildet hatte, dass er meinte, wir würden in die Stadt fahren. Irgendwann kam mir der Gedanke, dass er sich vielleicht für mich schämen würde, wenn wir Bekannte oder Klienten von ihm treffen würden.

Der Sonntag war verregnet und er wollte nicht rausgehen. Die Hölle für mich, nicht einmal am Tag den Fuß vor die Tür zu setzen. Ich fühlte mich wie im Gefängnis. Ich überlegte kurz, allein rauszugehen. Mir ging es gesundheitlich aber nicht so gut, ich war nicht motiviert und entschied mich deswegen dagegen. Es fühlte sich mittlerweile alles sehr unterkühlt an.

Wir guckten zusammen fern. Damals hatte ich wohl noch die Angewohnheit, dass ich viele Dinge, die ich im Fernseher sah, meinte, kommentieren zu müssen. Ich gebe zu, dass das schon eine nervige Angewohnheit sein kann. Er fuhr mich von der Seite an, ob ich denn alles kommentieren müsse. Ich war schockiert. Vor Schreck fing ich an zu weinen. Spätestens ab diesem Moment war mir klar, dass das mit uns nichts mehr werden würde. Er hätte mich auch in einem netten Ton darauf hinweisen können. Das hätte ich sicherlich ebenso gut verstanden. Nächsten Tag sollte er mich zum Bahnhof fahren. Er stand spät auf, da er sich krank fühlte. Ich drängelte immer und immer wieder, dass ich nicht meinen Zug verpassen wolle. Das würde mir zusätzliche Kosten bescheren. Ach, das wäre doch kein Problem. Er würde zahlen. Ach ja? Genauso wie er meine Zugfahrkarte gezahlt hatte? Obwohl er es mir eigentlich versprochen hatte. Am Hauptbahnhof fand er keinen Parkplatz. Ich meinte, er könne einfach kurz anhalten und mich aussteigen lassen. Ich wollte nur weg. Weg von ihm. Das wollte er aber nicht auf sich sitzen lassen und suchte weiter nach einem Parkplatz für seinen dicken BMW. Schließlich wurde er doch fündig. Er begleitete mich ein paar Meter bis zum Eingang des Hauptbahnhofs. Letztendlich hätte er sich das auch sparen können. Als wir uns verabschiedeten, wurde mir immer bewusster, dass ich ihn nie wieder sehen wollte. Er tat so, als wäre alles in Ordnung. Einige Tage später wollte er per SMS mit mir Schluss machen. Warum ich das Ganze eigentlich nicht selbst beendet habe, weiß ich nicht. Vielleicht wollte ich es nicht wahrhaben. Und schließlich musste ich »beweisen«, dass meine Ansprüche nicht zu hoch sind. Ich fand es charakterlos von ihm, der Sache zwischen uns auf so eine Art und Weise ein Ende setzen zu wollen. Dass ein erwachsener, erfahrener und beruflich erfolgreicher Mann per SMS eine Beziehung beenden will oder was das auch immer war.

Es ist erstaunlich, dass der Bildungsgrad offensichtlich beim Schlussmachen keine Rolle spielt. Ob studiert oder Hauptschulabschluss, es scheint keinen Unterschied zu geben. Ich bestand zumindest auf ein Telefonat. Mich einfach mehr SMS abzuservieren, das wollte ich nicht akzeptieren. Wir haben mit Sicherheit telefoniert, aber ehrlich gesagt, kann ich mich an den Inhalt nicht mehr erinnern. Mein Gehirn scheint offenbar aus Selbstschutz Erinnerungen zu löschen. Dies könnte in diesem Fall so gewesen sein. Auch diese Geschichte dauerte nur sechs bis acht Wochen an. Zu Anfang, als er noch gut drauf war, hatte er sich zu einem Kompliment hinreißen lassen. Ich hätte eine gute Figur. Das habe ich natürlich gerne gehört. Schon aus dem Grund, weil ich solche Komplimente in meinem Leben so gut wie nie zu hören bekommen habe. Eine gute Figur, und dass, obwohl ich in seinen Augen ein Vielfraß war. Das soll mal jemand hinbekommen. Er schien jedenfalls Ahnung zu haben, was weibliche Figuren anging. Denn seinen Erzählungen nach, war er ein Frauenheld. Ob ich das gut finden sollte, war mir nicht klar. Und warum er das Bedürfnis hatte, mir über seine gesamten Verflossenen zu berichten, war mir ebenfalls ein Rätsel. Normalerweise ist es ein ungeschriebenes Gesetz, dass man in der Kennlernphase nicht über seine Ex-Beziehungen spricht. Wenn jemand aber ein großes Geltungsbedürfnis hat, wird gerne diese unausgesprochene Regel ignoriert. Vielleicht war es der hohen Anzahl an Frauen geschuldet, die er hatte, dass sie ihm nicht mehr wert waren als eine SMS, um Beziehungen zu beenden. Zeitverschwendung sich mit Dingen auseinanderzusetzen, die er für sich schon beschlossen hatte. Und bei der Masse dann irgendwann sicherlich auch anstrengend. Natürlich fand ich es überhaupt nicht gut, eine von vielen zu sein. Denn jede Frau möchte DIE Einzige sein. Immerhin beschwerte er sich nicht über meinen Kugelpo. Das muss ich ihm tatsächlich zugutehalten. Denn schließlich kannte er sich doch mit Frauen aus und mit Popos …

123

Damit nicht genug, hatte ich mich erneut bei einem Dating-Portal angemeldet gehabt. Ich traf mich mit einem Lehrer aus Hannover. Er war ein Jahr jünger als ich, war schlank, blond, blauäugig und klug. Also nicht die schlechtesten Voraussetzungen. Aber schon bei der ersten Begegnung ist bei mir gefühlstechnisch nichts passiert.

Kein Gefühl der gemeinsamen Wellenlänge oder der besonderen Anziehung. Kein Gefühl, dass die Chemie besonders stimmen würde. Da er aber eigentlich eine gute Partie war und auch nicht übel aussah, dachte ich bei mir, dass ich ihm eine Chance oder vielleicht auch eine mehr geben sollte. Denn ich hörte in meinem Kopf wieder diese Worte: »Du bist zu wählerisch.« So trafen wir uns einmal, ein zweites Mal und einige weitere Male mehr. Er lud mich zu ihm nach Hause ein und kochte tatsächlich für mich. Aber mein Herz fing immer noch nicht zu hüpfen an. Als wir uns, es kann das sechste Mal gewesen sein, erneut trafen, konnte ich nicht umhin, ihm zu gestehen, dass ich das Gefühl habe, wir wären wie Bruder und Schwester. Er bejahte dies. Kaum hatte ich es ausgesprochen, quietschten schon die Reifen seines Autos. Ich dachte, ich bin im falschen Film. Eben saßen wir noch nach unserem Besuch im Römer-Pelizaeus-Museum in einem Café und im nächsten Augenblick konnte er nicht schnell genug weg sein. Er hatte doch auch die Möglichkeit gehabt, zu sagen, dass er denkt, dass das mit uns offensichtlich nichts werden wird. Soll die Männer mal einer verstehen. Vielleicht hat er von seinem Umfeld auch immer zu hören bekommen, dass er zu wählerisch sei und zu hohe Ansprüche habe. Kann sein, dass ich ebenfalls sein »Versuchskaninchen« war und er sich schwor, sich mit mir so lange zu treffen, bis ich die Lust verlor. Wer weiß es?

Kann man mir immer noch vorhalten, dass meine Ansprüche zu hoch sind?

Ich denke, dass ich bis jetzt einfach unsagbares Pech hatte.

Nie dem richtigen Mann zur richtigen Zeit am richtigen Ort zu begegnen. Aber das ist lange noch kein Grund, mir vorzuwerfen, dass ich zu wählerisch bin. Kann sein, dass es auch eine Art Selbstschutz bei mir ist, mich nicht mit Männern einzulassen, bei dem mein Bauchgefühl nicht stimmt. Und wenn ich mein Bauchgefühl doch ignoriert habe, gab es zeitnah die Quittung. Kann sein, dass mich meine Intuition bis jetzt vor diversen unglücklichen Beziehungen bewahrt hat. Wenn ich deswegen als wählerisch abgestempelt werde, dann bin ich es gerne.

Und eigentlich kann doch niemand etwas dagegen sagen, dass ich gerne einen attraktiven Mann an meiner Seite hätte, der gebildet ist, fünf Sprachen spricht, hervorragend kochen kann, jeden Standardtanz aus dem FF mit mir aufs Parkett legt, sich gut kleidet, aufmerksam und charmant ist und mich regelmäßig mit kleinen Geschenken überrascht. Ach ja, und wohlhabend sollte er selbstverständlich auch noch sein. Also wenn jetzt noch jemand meint, dass meine Ansprüche zu hoch sind, dann weiß ich auch nicht.

17 Partnerbörsen

Mein Tenor, was Partnerbörsen angeht, ist, was unschwer aus den vorherigen Kapiteln zu erkennen ist, nicht bejahend. Aus welchen Gründen ich eine solch abwehrende Haltung habe und damit meine Meinung diesbezüglich besser nachvollzogen werden kann, möchte ich etwas genauer erläutern.

Meine Einstellung gegenüber den Partnerbörsen war anfangs tatsächlich positiv. Denn auch ich sah sie als gute Möglichkeit, einen Partner kennenzulernen. Meine Ansicht hat sich erst über Jahre in genau die andere Richtung entwickelt. Und zwar durch meine Erfahrungen, die ich im Laufe der Zeit mit dem Online-Dating gemacht habe.

Ein Grund, warum sich meine Lust mittlerweile in Grenzen hält, bei einem Dating-Portal aktiv zu sein, ist, dass alle meine Dates noch nie zum Erfolg geführt haben. Sprich, es hat sich nie eine Beziehung daraus entwickelt. Natürlich ist es nicht die Schuld der Anbieter dieser Plattformen. Es hat mich aber frustriert, dass ich nicht auch nur ein Erfolgserlebnis hatte, selbst nach der ganzen Mühe, Zeit, Energie und teilweise auch Geld, was ich investiert hatte.

Anfangs habe ich es so gehalten, dass ich mit dem Mann einige Male hin und her geschrieben habe, um mehr voneinander zu erfahren. Dann hat man miteinander telefoniert. Und wenn ich mein Gegenüber am Telefon sympathisch fand, habe ich mich zu einem Treffen verabredet. Später habe ich den Aufwand kleiner gehalten und das Ganze abgekürzt. Das ewige Hin- und Hergeschreibe und das Telefonieren habe ich weggelassen und sehr schnell ein Treffen vorgeschlagen. Letztendlich habe ich feststellen müssen, dass einzig und allein das persönliche Treffen darüber entscheidet, ob es etwas werden kann oder nicht. Ich habe die Erfahrung gemacht, dass jemand wunderbar schreiben und am Telefon nett klingen kann, aber das Gesamtpaket am Ende doch beim persönlichen Kennenlernen nicht gepasst hat. Daher habe ich geschworen, dass ich meine Zeit nicht mehr verschwenden, sondern mittels Date recht schnell feststellen möchte, ob es passt oder nicht. Nach all den Jahren hatte ich keine Geduld mehr und auch keine Zeit mehr zu verlieren.

Für mein Selbstwertgefühl waren die erfolglosen Dates alles andere als schmeichelhaft. Ich selbst habe mich deswegen als Frau und auch als Mensch infrage gestellt. Bin ich es nicht wert, mit einem Mann an meiner Seite glücklich zu sein? Ist das nur anderen vorbehalten? Was ist falsch an mir? Was mache ich falsch? Ich fing an, mich noch kritischer zu hinterfragen als vorher sowieso schon. Die Situation betrübte mich sehr.

Warum kam es nicht zumindest zu einer kurzen Romanze, wenn ich schon nicht den Mann fürs Leben getroffen habe? Ich könnte es mir folgendermaßen erklären:

Wenn ich einen Mann angeschrieben habe, der meiner Meinung nach zu mir passen könnte, habe ich keine Antwort von ihm erhalten. Das ist mir immer wieder passiert und hat sich wiederholt und wiederholt. Im Gegenzug dazu schrieben mich Männer an, die ich alles andere als ansprechend fand. Männer, die um einiges älter waren als ich. Männer, die mir vom Foto her nicht gefielen. Männer, die laut deren Profil eigentlich gar nicht zu mir passen würden. Trotzdem habe ich mich immer wieder auf Treffen eingelassen. Auch um zu »beweisen«, dass ich nicht zu wählerisch bin. Schließlich bin ich kein oberflächlicher Mensch und würde mich von einem Mann »überzeugen« lassen, sofern er mir ein gutes Gefühl gibt. Aber auch das führte nicht zum erhofften Erfolg und somit auch nicht zu einer Liaison.

Nach vielen Treffen kam der Zeitpunkt, an dem mir schon vor meiner Verabredung die Lust fehlte, zu meinem Date zu gehen. Ich musste mich regelrecht dorthin zwingen. Dementsprechend verlief das Date dann in der Regel auch und ich fuhr danach betrübt und enttäuscht nach Hause. Es nahm mir die Hoffnung. Aus diesem Grund sank meine Motivation, mich mit Männern aus Partnerbörsen zu treffen, auf den Tiefpunkt.

Irgendwann wurde mir klar, dass ich es offensichtlich nicht wert bin, einen Freund zu finden, den ich schlicht und einfach gut finde, der mich überzeugt, von dem ich sogar begeistert wäre. Nun saß ich da, mit meinem nicht vorhandenen Glück und grübelte nach. Ich habe mich gefragt, ob ich mich letztendlich mit einem Partner »zufriedengeben« muss. Dass ich einen Mann an meiner Seite akzeptieren muss, den ich nicht anziehend finde und der mit mir nicht auf einer Wellenlänge ist. Meine Online-Erlebnisse mit den Männern haben mich das glauben gemacht. Ich konnte und wollte mich mit diesem Gedanken aber nicht abfinden.

Tatsächlich habe ich mich lieber bewusst dafür entschieden, alleine zu bleiben, als mit jemanden eine Beziehung einzugehen, für dem ich keine Gefühle hege, mit dem ich mich nicht auf einer Ebene verbunden fühle oder der die gewisse Art an Geborgenheit nicht ausstrahlt. Ich finde es unheimlich schade, dass die Rechnung beim Online-Dating für mich nicht aufging.

Beim Stichwort »Rechnung« bekommt für mich der Begriff »Partnerbörse« gleich eine ganz andere Bedeutung. Die Formulierung »Börse« ist gar nicht so unpassend. Ich habe etwas recherchiert und laut Wikipedia hat eine »Börse« folgende Aufgabe: »Die Börse führt Angebot und Nachfrage – vermittelt durch Börsenmakler oder Skontroführer (während festgelegter Handelszeiten) – zusammen und gleicht sie durch (amtliche) Festsetzung von Preisen (Börsenkurse) aus. Die Feststellung der Kurse oder Preise der gehandelten Objekte richtet sich laufend nach Angebot und Nachfrage.« So lautet zumindest ein kleiner Ausschnitt. Eine Börse führt also Angebot und Nachfrage.

»Gehandelte Objekte« sind im Fall von Partnerbörsen demnach die Singles? Sprich ich als Person, wenn ich bei einer Partnerbörse angemeldet bin. Wie wird mein Wert definiert? Nach Angebot und Nachfrage. Das Angebot an hübschen Frauen in Partnerbörsen war in der Regel recht hoch, meine Konkurrenz demnach riesig. Dementsprechend war die Nachfrage, was meine Person betraf, nicht wirklich der Rede wert. Wie ich es eben schon beschrieben habe. Das bedeutete also, dass mein Wert und somit mein Aktienkurs gefallen ist. Am Ende war meine Aktie nahezu wertlos. Ich kann es eindeutig nicht leiden, wenn mit meiner Person »gehandelt« wird und mir am Ende noch eingebläut wird, dass ich nichts wert bin. Aus diesem Grund wurden mir unter anderem die Partnerbörsen immer unsympathischer. Wenn das Angebot der Männer größer gewesen wäre, hätte sich wiederum mein Wert gesteigert. Und ich hätte dem Prinzip der Partnerbörsen sicherlich etwas Positives und eine Wertsteigerung abgewinnen können. Was ist daher die logische Schlussfolgerung? Wenn sich mehr Single-Männer bei den Online-Dating-Portalen anmelden, wird unser Wert, der der Frauen, eindeutig gesteigert. Also ihr alleinstehenden Männer da draußen: Meldet euch bei den Partnerbörsen an!

Das Thema »wert sein« werde ich im folgenden Kapitel noch ausführlicher behandeln.

Sind die Online-Dating-Portale wirklich notwendig? Meinem Empfinden nach wird es immer schwieriger, einem Partner im wahren Leben zu begegnen. Vergebene in meinem Umfeld haben dies schon des Öfteren bestätigt und Folgendes mir gegenüber geäußert: »Wenn ich jetzt solo wäre, wüsste ich auch nicht, wie und wo ich jemanden kennenlernen sollte.« Dem kann ich erfahrungsgemäß nur beipflichten.

Ich bin aber der festen Überzeugung, dass sie sich, wie fast jeder andere Single auch, bei einer Partnerbörse anmelden würden. Dem Druck können sie sich gar nicht entziehen beziehungsweise gibt es in unserem Zeitalter fast keine andere Alternative mehr. Und ich bin mir sicher, dass sie mit hoher Wahrscheinlichkeit einen Partner online finden würden. Bei ihnen wird die Gleichung, dass sich alle elf Minuten jemand verliebt, sicherlich aufgehen. Ich finde diese Berechnung oder Behauptung so blöd, dass ich wohl schon aus Prinzip immer zwischen Minute eins und zehn lag. Das entsprach nach Adam Riese keinem Treffer. So einfach ist das. Und offenbar meine verdiente Strafe, weil ich ab einem gewissen Zeitpunkt nicht mehr an das System glaubte.

Auch wenn für mich Partnerbörsen nicht mehr infrage kommen, vertrete ich generell den Standpunkt, dass man für sich persönlich erst etwas verurteilen kann und darf, wenn man dieses zumindest ausprobiert hat. Daher bin ich der Meinung, dass ein Single in seinem Leben zumindest eine der angebotenen Partnerbörsen ausgetestet haben sollte. Erst danach kann jeder für sich beurteilen, ob es zum Ziel oder zum Misserfolg führt.

Was ist nun mein Fazit, was die Partnerbörsen angeht?

Grundsätzlich bin ich der Ansicht, dass es in der heutigen Zeit eine gute Option ist, einen Partner kennenzulernen. Wie bei vielem im Leben gibt es aber keine Garantie. Bei dem einen klappt es, bei dem anderen funktioniert es nicht. Der Weg kann ziemlich holprig sein und das Ziel in weiter Ferne. Auch wenn ich beim Online-Dating nicht erfolgreich war, bin ich froh, dass ich es versucht habe. Und es war jeden Versuch wert. Enttäuschung und Hoffnungslosigkeit waren zwar währenddessen immer wieder meine Begleiter, aber man kann mir nicht vorwerfen, dass ich es nicht versucht habe.

Meine Erfahrungen mit den Partnerbörsen haben mich natürlich geprägt und das leider nicht in positiver Art und Weise. Daher mag ich keine erneute Partnersuche im großem World Wide Web starten. Die Partnersuche im Internet scheint für mich persönlich nicht die richtige Methode zu sein, um einen Lebenspartner kennenzulernen. Diese unendliche Auswahl hat mich gefühlsmäßig erdrückt. Mir kam es so vor, dass ich nur eine von vielen bin. Ich wurde den Eindruck nicht los, dass ich in der Masse untergegangen bin, daher nicht beachtet und mein Wert in keiner Weise gewürdigt wurde.

Deswegen schließe ich hiermit für mich endgültig das Kapitel »Partnerbörse«.

18 Ich bin es wert

Mir kommt es so vor, dass Singles in unserer Gesellschaft leider immer noch nicht mit Jubel empfangen werden. Warum ich dieser Meinung bin, möchte ich an den folgenden Beispielen verdeutlichen:

Bist du allein, wirst du nicht zum Pärchenabend eingeladen. Magst du meinen, dass der Name es doch schon sagt »PÄRCHEN-ABEND«. Warum habe ich da als Single überhaupt etwas zu meckern? Bin ich es denn nicht wert, auch an der Gesellschaft der Pärchen teilzuhaben? Oder bereichert meine Gesellschaft nicht ebenso das Treffen?

Wenn ich auf einem Fußgängerweg entlanggehe, welcher sehr schmal ist und nur zwei Personen nebeneinander Platz haben, und mir ein Paar entgegenkommt, scheinen diese meistens der Meinung zu sein, dass ich, die doch alleine unterwegs ist, bitte Platz zu machen habe. Da spielt es keine Rolle, dass ich zum Ausweichen auf die Straße gehen muss und dass es unter Umständen gefährlich für mich werden könnte. Paare haben offensichtlich etwas Klebeartiges an sich, das es ihnen nicht erlaubt, hintereinander zu gehen. Unzertrennlich scheinen sie zu sein. Und wenn ich als Einzelperson meine, auf meiner Seite des Gehweges zu bleiben, werde ich noch mit bösen Blicken gestraft. Habe ich als Alleinstehende weniger Rechte als im Vergleich zu einem Paar? Rücksichtnahme ist offensichtlich ein Fremdwort. Obwohl es generell die Höflichkeit gebieten sollte.

Geht es in einer Firma um den Abbau von Arbeitsstellen, gibt es einen Sozialplan, der besagt: »Bist du unverheiratet und hast keine Kinder, darfst du als Erstes gehen.« Goodbye und Tschüss! Komm doch gefälligst alleine zurecht. Musst dich ja um niemanden anderen sorgen als um dich selbst. Dafür braucht man als Single ja keine Arbeitsstelle, weil sich das Geld so selbstverständlich von alleine vermehrt. Zu bedenken möchte ich geben, dass wir nicht von Lust und Liebe leben können. So fehlt uns doch unsere bessere Hälfte.

Das mag vielleicht etwas makaber klingen, aber wenn jemand bei einem Autounfall ums Leben kommt, sind die ersten Fragen meist die folgenden: »Hatte sie/er Kinder? War sie/er verheiratet?« Wenn nicht, scheint der Verlust keineswegs dramatisch zu sein. Wer sollte denn auch bloß trauern?

All das suggeriert mir, dass ich, solange ich Single bin, in dieser Gesellschaft offensichtlich nicht erwünscht und nichts wert bin.

Aber DAS lasse ich mir nicht einreden. Ich bin es wert, zum Pärchenabend eingeladen zu werden und den Gehweg mit Paaren gleichermaßen zu teilen. Ich bin es wert, meinen Arbeitsplatz zu behalten, auch wenn der Sozialplan etwas anderes vorsieht. Ich bin es wert, dass um mich getrauert wird, auch wenn ich keinen Anhang und keine Nachkommen habe.

Apropos wert sein: Eltern, die Großes geleistet haben oder leisten, wird jeweils an einem Tag im Jahr besonders gedacht, und zwar am Muttertag und am Vatertag. Dadurch wird ihr Wert öffentlich und in der Familie anerkannt. Es gibt noch weitere interessante nationale und internationale Gedenktage wie zum Beispiel den Kindertag, den Weltjugendtag, den Internationalen Tag der Freundschaft und sogar den I-love-my-dentist-day sowie einen Internationalen Tag des Hasen. Also wenn man schon seinem Zahnarzt oder einem Hasen gedenkt, wie wäre es denn, wenn die Welt auch mal einen Tag zum Gedenken der Singles einführen würde?

Als ich mich auf die Suche begab, habe ich feststellen müssen, dass tatsächlich bereits ein Tag der Alleinstehenden existiert, der Singles` Day. Am 11. November jeden Jahres wird vor allem in China der Singles gedacht. Zelebriert wird dies, indem Veranstaltungen für Singles organisiert werden, bei dem sich Gleichgesinnte treffen und Freundschaften geschlossen werden können oder man sich am Ende sogar verliebt. Der Handel hat gleich reagiert und die Popularität des Singles` Day genutzt. Es wurde mal wieder das große Geschäft mit den Singles gewittert und durch entsprechende Werbung genutzt. In China ist daher dieser Tag zu einem großen Online-Shopping-Event geworden. Aber was hat das denn mit Zuneigung, Partnerschaft und letztendlich mit Liebe zu tun? Warum möchten sich Menschen daran bereichern, dass andere nicht glücklich beziehungsweise auf der Suche nach dem wahren Glück sind? Fairerweise muss ich sagen, dass es ja immer zwei Seiten gibt, die Angebot und Nachfrage bestimmen. Vielleicht mögen Alleinstehende gerne etwas für ihr Glück ausgeben, und wenn es nur an einem Tag im Jahr, am 11.11., ist.

Mir persönlich wäre es lieber, wenn man den Fokus und damit auch den Wert auf Veranstaltungen legen würde, bei denen Singles die Möglichkeit gegeben wird, sich kennenzulernen. Auf »normalen« Partys sieht man nun niemandem an, ob der- oder diejenige vergeben ist oder nicht. Von daher müsste die Erfolgsquote auf reinen Single-Partys statistisch gesehen höher sein. So bilde ich es mir zumindest ein. Aus früheren Jahren weiß ich, dass es Single-Partys gab und ich selbst war auf der einen oder anderen. Ich habe dort nie einen Mann kennengelernt. Solche Single-Partys hatten keinen besonders guten Ruf. Woran das auch immer lag. Vielleicht fühlte man sich dadurch »geoutet«, wenn man zugab, bei einer Single-Party gewesen zu sein. Könnte es solche Partys oder diverse andere Veranstaltungen für Singles, wie zum Beispiel Weinfeste, Grillpartys, Oktoberfeste, nicht häufiger geben oder überhaupt erst einmal eingeführt werden? Und am besten auf jede Altersgruppe abgestimmt werden? Für den Geschmack derjenigen, die in den Zwanzigern und Dreißigern sind und auch für diejenigen in den Vierzigern und Fünfzigern. Und bitte nicht die Lieder der Achtziger und Neunziger rauf und runter spielen. Das sind inzwischen Oldies und wir Älteren finden tatsächlich auch aktuelle Musik klasse. Ich lebe in der Gegenwart und gehe mit der Zeit. Dann möchte ich auf einer Party auch gerne die neusten Songs hören. Mir wäre wichtig, diese Veranstaltungen mit einem ansprechenden und seriösen Konzept zu versehen, welches auf große Akzeptanz stoßen würde – auch bei Nicht-Singles. Ich möchte mich nicht mehr dafür schämen müssen, wenn ich davon erzähle, dass ich auf einer Single-Party war. Wichtig fände ich zudem, dass bei diesen Events eine Atmosphäre herrscht, in der man sich wohlfühlen kann. Also wäre eine Location im hinterletzten Stadtteil, in die sich sonst niemand verirrt und welche renovierungsbedürftig ist, keine gute Voraussetzung.

Der Anteil der Singles in der Bevölkerung Deutschlands wird immer größer und, zumindest in China, hat der Online-Markt sich das zunutze gemacht. Für den Markt sind wir Singles offensichtlich viel wert. Und so könnte in diesem Fall diese Marktlücke doch zu unseren Gunsten erkannt werden und mehr für das persönliche Kennenlernen von Alleinstehenden getan werden, von Angesicht zu Angesicht.

Etwas ganz Verrücktes in unserem Zeitalter, sozusagen back to the roots. Erkennt unseren wahren Wert in dieser Hinsicht und unterstützt uns doch auf diese Weise, einen Lebensabschnittspartner oder sogar den Partner fürs Leben zu finden oder zumindest die Chancen zu erhöhen. Aber bitte mit fairen Preisen. Ich unterstütze gerne persönlich Projekte dieser Art.

Wir leben in einer Wegwerfgesellschaft. Und so kommt es mir vor, dass ebenso Beziehungen weggeworfen werden. Alles ist nichts mehr wert. Es wird um nichts mehr gekämpft. Sobald Probleme in der Beziehung entstehen, wird geschaut, ob sich nicht etwas Besseres im Umkreis findet. Kann sein, dass diese Personen nach dem folgenden Spruch von Wilhelm Busch leben: »Drum prüfe, wer sich ewig bindet, ob sich nicht was Bess'res findet.«

Klingt im ersten Augenblick lustig. Aber bei näherer Betrachtung, spiegelt es unseren Zeitgeist wider, den ich als weniger lustig empfinde. Bei mir kommt es nicht einmal so weit, dass ich von einer Beziehung sprechen könnte. Wie schon festgestellt, weiß ich nicht, wo ich die Single-Männer ausfindig machen kann. Wenn ich keinen potenziellen Partner finde, wie soll ich denn noch jemand Besseres finden? Werde ich deswegen dazu verdammt sein, ewig auf der Suche zu sein? Gehöre ich zu der Generation, die niemals zufrieden sein wird und deswegen zum Scheitern verurteilt ist? Und weil ich mir immer wieder selbst einrede und auch von meiner Umwelt eingeredet bekomme, dass ich ohne Partner nichts wert bin? Ein Teufelskreislauf. Und falls ich in diesem Leben noch einen Mann kennenlernen sollte, wer garantiert mir, dass er nicht noch auf der Suche nach etwas Besserem ist? Und schneller als ich gucken kann, stehe ich auf dem Abstellgleis.

Garantien gibt es für nichts im Leben. Aber das heißt nicht, dass auch alles schieflaufen muss. Meine Erfahrung hat gezeigt, dass es noch die treuen Männer gibt. Und solange man gemeinsam glücklich ist, sollte es doch rundlaufen. Und wenn es mal schwierige Zeiten geben sollte, hält man zueinander oder sollte es zumindest, auch wenn es momentan keine leichte Phase ist. Nach der klugen Devise: »In guten wie in schlechten Zeiten.« Beziehungen erfordern immer von beiden Seiten Arbeit. Aber ich denke, dass sie es wert sind. Jeder hat seine Fehler, aber ist trotzdem wertvoll. Auch wir Singles.

Und jeder, ja wirklich jeder, ist es wert, in einer glücklichen Partnerschaft zu sein. Egal, ob groß oder klein, dick oder dünn, hässlich oder schön.

19 Was wäre, wenn ...

Es ist sicherlich schon vielen in unterschiedlichen Situationen so ergangen, dass man gedacht hat, was wäre gewesen, wenn ...

Manchmal denke ich, wie wohl mein Leben verlaufen wäre, wenn das eine oder andere WENN nicht gewesen wäre.

Was wäre gewesen, wenn ich nicht so schüchtern, sondern offensiver gewesen wäre?

Was wäre gewesen, wenn ich in einer Stadt aufgewachsen wäre und nicht auf dem Land?

Was wäre gewesen, wenn der Mann, den ich gut fand, mich kennengelernt hätte, bevor er seine Partnerin gedatet hat?

Was wäre gewesen, wenn ich studiert hätte? Hätte ich während meines Studiums den Mann meines Lebens kennengelernt, wie es so vielen anderen, die ich kenne, passiert ist?

Was wäre gewesen, wenn ich endlich mal zur richtigen Zeit am richtigen Ort gewesen wäre?

Wenn das Wörtchen WENN nicht wäre ... Eine Antwort auf diese Fragen werde ich leider nie erhalten. Aber letztlich ist es auch nicht mehr relevant, da ich im Hier und Jetzt lebe. Aber wer weiß? Vielleicht hätte ich einen wundervollen Mann an meiner Seite und wäre Mutter von zwei, drei oder sogar vier Kindern. Und wäre unheimlich glücklich und zufrieden. Vielleicht sähe es aber auch ganz anders aus. Ich wäre geschieden und hätte die Nase voll von den Männern, weil ich mich um alles selbst kümmern muss und keinerlei Unterstützung von dem Vater meiner Kinder bekomme. Undankbare Rotzlöffel im Schlepptau, die mir die Haare vom Kopf fressen. Klingt, ehrlich gesagt, nicht besonders verlockend. Wenn ich das von dieser Perspektive aus betrachte, bin ich doch eigentlich recht froh darüber, dass ich kinderlos bin und keinen Partner habe. Ich muss mir keine Gedanken machen, ob ich bei der Erziehung meiner Kinder versagt habe, da sie nicht hören wollen und über meinen Mann, der lieber anderen Beschäftigungen nachgeht, anstatt gemeinsam Zeit mit der Familie zu verbringen.

Meine aktuelle Situation steht fest, aber sie ist zum Glück nicht in Stein gemeißelt. Auch wenn das mit der Vergangenheit anders aussieht. Ja, die Vergangenheit kann nicht mehr verändert werden. Deswegen ist es umso wichtiger, dass ich mich auf die Gegenwart konzentriere. Zurückzuschauen ist nur insofern hilfreich, dass ich aus meinen Erfahrungen lerne und mich bemühe, nicht die gleichen Fehler zu wiederholen. Und ich sollte Chancen, die sich mir ergeben, niemals ungenutzt verstreichen lassen. Die Gegenwart kann ich beeinflussen und somit meine Zukunft in die richtigen Bahnen lenken. Das wird weiterhin harte Arbeit sein, denn es fällt mir nach wie vor nicht leicht, Gelegenheiten zu schaffen oder diese überhaupt zu erkennen und entsprechend spontan zu reagieren.

Nach wie vor hoffe ich weiterhin auf ein gutes Ende. Denn: »Am Ende wird alles gut. Und wenn es noch nicht gut ist, ist es noch nicht das Ende.« Wie schön das Oscar Wilde doch formuliert hat.

20 Die Hoffnung stirbt zuletzt

Durch mein Leben als Dauersingle konnte ich eindeutig beweisen, dass ich wunderbar allein zurechtkomme. Ich bin eine eigenständige und unabhängige Frau. Aber trotzdem fehlt mir in meinem Leben die eine Person, der eine Mann, um sagen zu können, dass ich wirklich glücklich bin. Das ist Fakt. Und ich habe es einfach nicht hinbekommen, mir einzureden, dass ich ein glücklicher Single bin oder zu sein habe. Natürlich arrangiere ich mich mit meiner Situation. Ich kann mich gut alleine beschäftigen. Da stellt sich mir manchmal aber die Frage, ob das der Sinn des Lebens ist? Macht das zufrieden beziehungsweise macht es mich zufrieden? Ich unternehme und tue Dinge, die gut für mein Wohlbefinden sind, mir grundsätzlich Spaß machen und Freude bereiten. Aber es würde mich definitiv mehr erfüllen, wenn ich es mit jemandem teilen könnte. Ist der Mensch nicht ein Gesellschaftstier? Ich bin es definitiv. Und daher kann ich ohne meine bessere Hälfte nie so richtig glücklich sein. Ich kann es mir schön und gemütlich machen, was mir meistens auch erfolgreich gelingt. Mein Ziel ist es dabei, auch ohne Mann an meiner Seite ein zufriedener Mensch zu sein/zu werden. Nach wie vor wünsche ich mir einen Partner, der gerne Zeit mit mir verbringt. Einen Partner, mit dem ich gemeinsam von Herzen lachen kann, der mich durch seine Anwesenheit entschleunigt, denn ich neige leider dazu, mir selbst Stress zu machen. Ein Mann, der mich ganz schlicht und einfach wertschätzt und mich so nimmt, wie ich bin.

Es gibt Momente, da frage ich mich, ob ich inzwischen ein Sonderling geworden bin, da ich eine halbe Ewigkeit alleine bin. Wenn ich mich aber so umschaue, gibt es einige Bekannte und Freundinnen, die mittlerweile auch schon jahrelang solo sind. Das sind größtenteils bodenständige, sympathische, selbstständige und finanziell unabhängige Frauen. Von denen würde ich nicht behaupten, dass sie komisch, geschweige denn sonderbar wären. Was ich damit sagen will und damit beweisen möchte, ist, dass ich hoffentlich genauso wenig als Sonderling wahrgenommen werde. Sondern nur als eine der vielen Singlefrauen, die einfach nie am richtigen Ort zur richtigen Zeit zu sein gewesen scheint.

Irgendwie kommt mir das aber recht seltsam vor. Gerade ich, die normalerweise ein ziemlich gutes Zeitmanagement und eine relativ gute Orientierung hat, bis jetzt bin ich immer dort angekommen, wo ich hinwollte, soll nie zur richtigen Zeit am richtigen Ort gewesen sein? Da kann doch etwas nicht mit rechten Dingen zugehen.

Offensichtlich bin ich fürs Alleinsein bestimmt. Ich hoffe aber sehr, dass dies nur für eine gewisse Zeit vorgesehen ist und sich mir die Gründe dafür in der Zukunft noch erschließen werden. Denn ich möchte nicht den Rest meines Lebens allein bleiben müssen und ich muss gestehen, dass ich alle, die vergeben sind, einfach nur beneide. Gerade wenn ich abends alleine im Bett liege und wenn ich anfange nachzudenken, eine ganz schlechte Angewohnheit von mir, kommt es mir manchmal unendlich unwahrscheinlich vor, einen Mann kennenzulernen. Einen Mann, der mir zugetan ist und Lebenszeit mit mir verbringen möchte. Und ich das genauso empfinde. Mir kommt diese Wahrscheinlichkeit wie ein Sechser im Lotto mit Zusatzzahl vor. Und meine Erfahrungen in der Vergangenheit entkräftigen meine Theorie nicht.

Wie und wo ich mir einen Mann »angele«, habe ich leider noch nicht herausgefunden. Es gibt verschiedene Herangehensweisen. Für mich blieben sie bis jetzt erfolglos.

Wie schon festgestellt, wird zu meinem Leidwesen mein Mr. Right nicht an meiner Wohnungstür klingeln. Mein Umfeld hat immer wieder prophezeit, dass jeder Topf seinen Deckel findet. Daher gehe ich stark davon aus, dass auch ich ihn finden werde. Auch wenn ich inzwischen unglaublich ungeduldig geworden bin und es kaum erwarten kann, ihn kennenzulernen. Schließlich habe ich schon viele Jahre warten müssen. Warum muss Mann mich denn so lange auf die Folter spannen? Witzig finde ich das inzwischen nicht mehr, falls Mr. Right, oder soll ich ihn lieber Mr. Zufall nennen, sich mit mir ein Späßchen erlauben sollte. Wohl oder übel muss ich weiterhin geduldig sein müssen und auf der Suche nach meinem Deckel einfach daran denken, dass die Hoffnung zuletzt stirbt.

Geduldig zu warten und auf die Hoffnung zu setzen, kann aber nicht der einzige Schlüssel zum Glück sein. Daher steht mein Entschluss fest, dass ich weiterhin aktiv sein werde. Auch wenn es mir mittlerweile teilweise schwerfällt, mich zu motivieren.

Ich werde daran arbeiten, optimistischer und zufriedener durch mein Leben zu gehen sowie Momente im Alltag mehr zu genießen. Ich muss weiterhin lernen, Situationen, die sich mir bieten, zu nutzen und nicht vorbeiziehen zu lassen, nur weil ich gerade mal keine Lust habe, meinen Mund aufzumachen. Ich sollte es einfach sein lassen, böse zu gucken und mich besser von meiner Schokoladenseite zeigen. Initiative ergreifen ist auch ein schönes Stichwort. Offensiver durch die Welt zu gehen und dabei immer wieder meine Komfortzone zu verlassen. Das wird alles andere als einfach werden, aber ich habe es bis hierhin geschafft und werde es auch noch weiter schaffen und sicherlich mein Ziel zur gegebenen Zeit erreichen. Die Hoffnung werde ich jedenfalls niemals aufgeben!

Zum Abschluss möchte ich noch ein paar Worte an alle engen Freunde*innen und Familienangehörige von Alleinstehenden richten:

Wir Singles sind zum Glück (noch) eine Minderheit und scheinen aus diesem Grund offensichtlich nicht immer wahrgenommen zu werden. Trotzdem sind wir ein Teil dieser Gesellschaft. Ich/wir möchten gehört werden, vor allem von unseren Freunden*innen und unserer Familie. Denn ich weiß, dass es einigen Singles da draußen genauso ergeht wie mir. Und vielleicht betrifft das genau deine Singlefreundin oder deinen Singlekumpel, deine Tochter, deinen Sohn, deine Schwester, deinen Bruder … Denkt doch öfters an sie und ruft sie an. Ja, ruft sie an und schreibt keine WhatsApp-Nachricht. Fragt sie, wie es ihnen geht. Lasst dies nicht in dem stressigen Alltag untergehen. Ladet sie zum Pärchen-abend ein. Lasst sie selbst entscheiden, ob sie daran teilnehmen möchten. Nehmt sie zu einem Ausflug mit. Sie werden eure Unternehmung mit ihrer Gesellschaft bereichern und ihr werdet ihnen eine unheimliche Freude bereiten. Probiert es doch einfach aus und schaut, was passiert. Es kann keine Wunder bewirken, aber sie werden sich vermutlich geschätzt und wertvoll(er) fühlen. Meiner Meinung nach eine Win-win-Situation. Denn was gibt es Schöneres und Zufriede-neres, als das Gefühl, etwas Gutes getan und jemand Nahe-stehendem seine Zeit geschenkt zu haben.

Für solche netten Gesten aus meinem engsten Kreis bin ich einfach unheimlich dankbar und andere Singles mit Sicherheit auch.

An alle Singles da draußen, die ähnlich empfinden und ähn-liche Erfahrungen wie ich gemacht haben:
Ich habe leider keine schnelle und erfolgreiche Lösung für euch, für uns Singles. Aber habt ihr das wirklich erwartet? Gefühle und vor allem die Liebe sind kompliziert und können nicht erzwungen werden. Aber wir sind nicht allein. Und wie heißt es so schön: »Gemeinsam sind wir stark!«

Mir persönlich hat tatsächlich eine Therapie geholfen, mit meinem langen Alleinsein umzugehen. Wie in so vielen Bereichen des Lebens liegt es an der Einstellung, die man zu einem Thema, zu einer Sache hat. Natürlich habe ich dadurch nicht plötzlich den Mann meines Lebens kennengelernt. Ich sprühe dadurch nicht vor Glückseligkeit, aber ich verspüre eindeutig mehr Zufriedenheit, habe angefangen, an meine Fähigkeiten zu glauben und fühle mich wertvoller. Und häufig ist es hilfreich, wenn man einfach nur über sein Problem, über die Wahrnehmung der Dinge mit einer kompetenten Person redet. Und ohne sofort mit einem Schwall an schlauen Ratschlägen überhäuft zu werden. Die Lösungen werden erarbeitet. Und letztendlich muss bei jedem selbst der Aha-Effekt auftreten, woran es bei einem persönlich liegt, dass man über so eine lange Zeit Single ist. Bei mir liegt es, meiner Meinung und dem aktuellen Stand nach, daran, dass ich wirklich oft nicht zur richtigen Zeit am richtigen Ort war. Zudem scheine ich mich zu Männern hingezogen zu fühlen, die zu den sicheren Beziehungstypen zählen. Heißt, sie sind immer in einer Partnerschaft. Ein Grund könnte auch sein, dass ich mich selbst nicht als wertvoll genug gefühlt habe, mit einem lieben Mann zusammenzukommen. Wie ihr seht, gibt es bei mir immer noch einiges zu tun.

Lasst uns die Hoffnung auf keinen Fall aufgeben. Es gibt keinen Grund dafür. Denn es gibt lebende Beweise, dass Personen, die jahrelang allein durchs Leben gegangen sind, einen lieben Partner gefunden haben. Daher lasst uns weiterhin daran glauben und vor allem daran arbeiten, dass wir sehr bald unseren Mr. Zufall oder unsere Mrs. Zufall treffen werden. Ich wünsche es uns allen.

21 So sieht er aus – der Mann an meiner Seite

Und das ist er:

↓

↓

↓

Bitte umblättern

Groß gewachsen, mit seinen 1,90 m, steht er vor mir. Er hat sein volles schwarzes Haar geschmackvoll gestylt. Seine leicht definierten Muskeln sind sichtbar unter seinem T-Shirt. Sein unbestechliches Lächeln kommt noch besser zur Geltung durch seinen etwas gebräunten Teint. Er sieht gut aus in seiner Jeans und den schicken Lederschuhen, die ich ihm geschenkt habe. Charmant, wie immer, zieht er mich mit seinem muskulösen Arm an seine Brust. Wie gut er wieder duftet! Und küsst mich zärtlich auf die Stirn.

Uppps, ich wache auf. Es war nur ein Traum. Aber ein wunderschöner!

(vorläufiges)

ENDE

Nachwort

Und nun noch ein paar abschließende Worte zu meinem Buch:

Alle Namen in diesem Buch sind frei erfunden, die Personen dahinter nicht.

Der Hintergrund meines Buchs ist, dass ich auf die Situation der Singles aufmerksam machen möchte. Ich wünsche mir, dass uns Alleinstehenden von unserem Umfeld mehr Empathie entgegengebracht wird. Auch hier gilt, nicht jede alleinstehende Person empfindet ihr Singledasein so wie ich. Schließlich ist jeder Mensch individuell. Das betrifft auch das Umfeld jedes Einzelnen und auch die Umstände, in denen man aufgewachsen ist und aktuell lebt. Aber es mag die eine oder andere Parallele geben. Nichtsdestotrotz gibt es Singles, die mit ihrer Situation sehr zufrieden und glücklich sind. Hier muss daher differenziert werden.

Und um möglicher Kritik vorzubeugen:

Wenn sich in dem einen oder anderen Fall jemand, aus welchem Grund auch immer, angegriffen fühlen sollte, möchte ich hier klarstellen, dass ich alles aus meiner Perspektive geschrieben habe. So wie ich es empfunden habe/empfinde. Dies soll keine Verallgemeinerung darstellen.

Zudem möchte ich in keiner Weise, die Probleme oder Schwierigkeiten, die es in Beziehungen gibt, kleinreden.

Dank

Mein Dank geht an alle, die positiv darauf reagiert haben, als ich ihnen davon erzählt habe, dass ich ein Buch über mein Singledasein schreibe. Diese Reaktionen haben mich überrascht und mich zum Weiterschreiben animiert.

Ein großer Dank geht auch an meine lieben Freundinnen, die bereitwillig mein Manuskript gelesen und mir Feedback gegeben haben. Das gab mir den Mut, dass es wirklich etwas mit diesem Buch werden könnte.

Vielen Dank – Nicole, Isabel, Sandra, Marion!

Ein großer Dank geht auch an meine Psychologin. Nur dadurch, dass sie mir geholfen hat, mehr Selbstwertgefühl zu entwickeln, habe ich endlich angefangen, an meine Fähigkeiten zu glauben.

Und zu guter Letzt möchte ich mich bei meiner Lektorin bedanken, die meinem Buch den letzten Schliff gegeben hat.

Singlesein

Dauersingles mögen häufig einsam sein,
auch wenn sie sich einreden, ich bin fein.
Abhilfe schaffen Partnerbörsen, Single-Partys, Speed-Dating
und vieles mehr.
Das wünschen sie sich jedenfalls sehr.
Hoffnungsschimmer treiben sie an,
Energie, Geld, Zeit verschlingt es fortan.
Lebenspartner scheinen fern und weit,
große Enttäuschung macht sich breit.

Doch wir leben auch allein,
genießen unser Sein.
Sie zu finden ist nicht leicht,
der Enthusiasmus weicht.
Schau` nach vorn,
denn die Auswahl ist enorm.

Alle wissen es besser,
ich bin zu wählerisch und kein Männerfresser.
Böse schau´ ich immer,
da hilft auch kein Dimmer.
Negative Energie strahl` ich aus,
so bekomm` ich auch keinen Mann nach Haus`.
Schüchtern war ich viel zu oft,
Chancen auf die ich hofft`,
verpufft in der Luft.

Doch wir leben auch allein,
genießen unser Sein.
Sie zu finden ist nicht leicht,

der Enthusiasmus weicht.
Schau` nach vorn,
denn die Auswahl ist enorm.

Die Hoffnung stirbt zuletzt,
ich lebe im Hier und Jetzt.
Reisen, Socializing macht mir Freude,
die Zeit ohne Mann ich nicht vergeude.
Wo mag ich ihn aber nun finden?
Ich will ihn ja nicht gleich auf Ewig binden.
Am Ende wird sicherlich alles gut,
sonst verlässt mich bald der Mut.

Doch wir leben auch allein,
genießen unser Sein.
Sie zu finden ist nicht leicht,
der Enthusiasmus weicht.
Schau` nach vorn,
denn die Auswahl ist enorm.

Quellen

Spotlight – Ausgabe 05/2020 »Family and friends«

»Sei du selbst« – Richard David Precht

https://de.statista.com/statistik/daten/studie/286810/umfrage
/umfrage-in-deutschland-zur-anzahl-der-singles-nach-
geschlecht/

Jane Austen – https://www.myzitate.de/jane-austen/

Wikipedia – »Börse«

Pinterest – »Oscar Wilde« – www.kluengelram.de

Wilhelm Busch – http://www.wilhelm-busch-seiten.de/werke/
zitate2.html